贵州教育
Guizhou Education

美的

2021 贵州教育大讲堂

教育

贵州省教育厅　编

贵州大学出版社
Guizhou University Press

图书在版编目（CIP）数据

美的教育 ：2021贵州教育大讲堂 / 贵州省教育厅编

. -- 贵阳 ：贵州大学出版社，2022.8

ISBN 978-7-5691-0608-4

Ⅰ . ①美… Ⅱ . ①贵… Ⅲ. ①美育－文集 Ⅳ.

①G40-014

中国版本图书馆CIP数据核字(2022)第133670号

美的教育

2021 贵州教育大讲堂

编　　者 / 贵州省教育厅

出 版 人 / 闵　军

责任编辑 / 段丽丽　杨鸿雁

封面设计 / 高　恒　武　君

内文设计 / 今亮后声

出版发行 / 贵州大学出版社有限责任公司

　　　　　地址：贵阳市花溪区贵州大学北校区出版大楼

　　　　　邮编：550025　电话：0851-88291180

印　　刷 / 深圳市和谐印刷有限公司

开　　本 / 710毫米×1000毫米　1/16

印　　张 / 16.75

字　　数 / 182千字

版　　次 / 2022年8月第1版

印　　次 / 2022年8月第1次印刷

书　　号 / ISBN 978-7-5691-0608-4

定　　价 / 59.00元

序

创办"贵州教育大讲堂"
传播"美的教育"理念

邹联克

　　追求美，是我们生存、生活、发展永恒的主题，也是永远的进行时。美好生活、美丽中国需要"美的教育"。"美的教育"不是追求简单表象的外在美，而是追求本质、追求自然、追求真实、追求品位的内在美。美，根源于情怀。追寻"美的教育"，需要有一种"热爱教育"的情怀、"尊重教育"的智慧、"从事教育"的能力。为在全省教育系统大力传播"美的教育"理念，积极拓展"美的教育"内涵，不断丰富"美的教育"形式，不懈追求"美的教育"实效，促进"美的教育"绽放美的花朵、结出美的果实，2021 年我们作了积极探索实践，以美为脉络连续举办了 9期"贵州教育大讲堂"，在社会各界引起广泛关注。这既是对我们的肯定，更是说明我们工作有差距，提升有空间。每一堂专题讲座，都是美的一瞬。此书将各位嘉宾的讲稿汇集成册，是对工作的再完善，也是对社会各界特别是广大师生需求的积极回应。如果说创办"贵州教育大讲堂"是搭建了一个传播和践行"美的教育"的平台，那么编辑出版《美的教育——2021贵州教育大讲堂》一书就是将教育事业美的瞬间的感动与感悟储存起来。

教育，是理念、路径和探索的共生体，熔铸了人们对教育的美好遐想和辛勤探索。美的教育，是一种向美而生、以美化人的理想，是一条各美其美、美美与共的路径，是一个臻善臻美、至真至美的实践。党的十八大以来，习近平总书记从社会主要矛盾变化出发，提出大力推进生态文明建设，引领中国发展更加聚焦"美"，在广袤大地绘就美好生活、美丽中国、美美与共的高质量发展画卷。"美丽中国"美在山川、美在文化、美在历史、美在人文，更美在教育——最美的是人。"贵州教育大讲堂"聚焦"美的教育"主题，着力在政治理论、教育理论、教育政策、实践创新等方面新益求新，将传统讲堂与新型"快闪"相结合，以多人、多视角讲述的方式，深培厚植青少年社会主义核心价值观，努力培养担当民族复兴大任的时代新人，展示了贵州教育发展的多个侧面，展现出教育发展之美的多个闪光点；着力在为全省教育系统锻造一支政治可靠、对党忠诚、充满情怀、理念先进、敢于担当、勇于创新、业务精通的高素质教育管理队伍、教育名师队伍上著有成效；着力在真正把教育的政治需求、质量需求、文化需求落地落实落细上搭建空间舞台，集中展示贵州教育系统对美的教育的理论思考和实践探索，真正让教育的美有了开篇。自开播以来，陆续播出了"美的教育，才是人民满意的教育""教书育人之美""青春担当之美""规划设计之美""投身强国之美""体教融合之美""教育公平之美""职业教育之美""探究学科之美"等一系列关于"美的教育"的专题讲座，受到了广大师生和家长朋友们以及社会各界的广泛关注，"美的教育"理念逐步深入人心，"美的教育"实践不断凸显实效。

"人，诗意地栖居在大地上"，诗意栖居是一种生活态度，也是追寻"美的教育"应有的心境。"贵州教育大讲堂"发轫于 2021 年。这一年，习近平总书记视察贵州，强调"要把教育这个管长远的事抓好""要加强学生的政治引领、思想引领、价值引领、品德引领"。这一年，我们从一所大山深处的小学——大歹小学，以一种欢乐的美、一种纯真的美、一种自信的美开篇，承王玉老师付出之美而感动。这一年，我们厚植育人沃土，让教育回归本原，从做"四有"好老师，感悟青春之美、发掘青春之美、彰显青春之美、投入强国之美，到高考带来的公平之美和探究学科之美完美收官，许多心声被关切、被热捧。这一年，我们将美的愿景通过教育发展的规划之美和体教融合助力教育之美——呈现，带我们进入一种全息影像的漫游状态，感受擘画贵州教育"十四五"发展美丽蓝图的全过程，认识贵州教育高质量发展体系"四梁八柱"的各项元素，勾勒出一幅美的教育就是人民满意的教育的臻美画卷。全省上下对"美的教育"满怀期待、信心百倍。

美丽中国，离不开"美的教育"给力；多彩贵州，少不了"美的教育"助推。贵州高质量发展关键靠人才、基础在教育。贵州人民对美的教育的盼望，就是贵州教育人的奋斗目标。我们梦想并期待着教育方向之美、教育初心之美、教育信仰之美、"五育"并举之美、教育体系之美、教育智能之美、教育改革之美、教育开放之美、教育服务之美、教书育人之美、文化育人之美、教育生态之美……概言之，就是教育的自然之美、人文之美和发展之美，也是教育的宁静之美、人性之美和自然之美。"美"以及由美衍生的"美的教育"是教育的最高价值、最高追求和最高感受。教育的目的就是希望通过"美的教育"培养"美的人"。以美立教，立美育人，将"美的教育"作为一种教育理念和办学追求，是教育人的共同信念，重在按照美的规律来进行教育，以美来统领整个教育，对受教育者产生积极的影响，使其成为人们所期望的完美之人。

"美的教育"不是追求简单表象的外在美，而是追求本源、追求规律、追求自然、追求真实、追求品位的内在美。梦想是个人、家庭和社会进步的不竭动能。美的教育孕育着、滋润着梦想之花，让每一个贵州孩子在美的教育中书写梦想华章，让每一个贵州家庭在美的教育中奏响梦想之歌，让贵州每一个区域在美的教育中点亮梦想之灯，是每一个贵州教育人对教育的美好理想、责任担当和庄严承诺。今天在贵州谈教育之美，不是因为贵州教育办得有多好、有多美。我们都知道，贵州教育还存在教育整体水平在全国的排位与经济在全国的排位相比不适应、全省教育水平质量与群众对优质教育的需求不适应"两个不适应"，高等教育毛入学率全国最低、15岁及以上人口平均受教育年限全国倒数第2名、教师总量严重不足、城镇优质教育资源短缺"四个突出问题"。我们提出"美的教育"理念，正是因为教育还不够美，我们才要追求教育之美。不然，怎么能"踏平坎坷成大道"！大道还在远方，我们要回头看一看、想一想，再出发。

美的教育，唯有清醒、方能勇毅。教育是对历史的思考、对现实的面对和对未来的憧憬，赋予教育者沉思、担当和逐梦的责任。《庄子·知北游》中有："天地有大美而不言，四时有明法而不议，万物有成理而不说。""美的教育"及其规律是客观存在的，需要我们去思考，去探索，去发现，通过培育环境美、以美润心，培育认知美、以美启智，培育艺术美、以美育美，培育活动美、以美育德，培育氛围美、以美化人。未来，"贵州教育大讲堂"将继续坚持以习近平新时代中国特色社会主义思想为指导，秉持用信仰之美照亮贵州教育美好前行之路，用教书育人之美不断提高贵州教育工作者认识美、发现美、创造美的自觉性和主动性，用教育发展之美让人民群众切实感受到教育的本质和底色，感受到教育的美就在身边，为贵州新的"黄金十年"注入源源不断的"各美其美、美美与共"的教育元素，为贵州教育创造更多的美好和辉煌。

是为序。

（作者系中共贵州省委教育工作委员会副书记，贵州省教育厅党组书记、厅长）

目录

| 第一讲 | 美的教育，才是人民满意的教育 · 001

| 第二讲 | 教书育人之美 · 027

| 第三讲 | 青春担当之美 · 051

| 第四讲 | 规划设计之美 · 077

| 第五讲 | 投身强国之美 · 093

| 第六讲 | 体教融合之美 · 145

| 第七讲 | 教育公平之美 · 163

| 第八讲 | 职业教育之美 · 181

| 第九讲 | 探究学科之美 · 209

视频索引 · 252

第一讲

美的教育，
才是人民满意的教育

（2021 年 5 月 6 日）

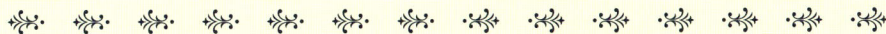

◆ 主讲人 ◆

邹联克

中共贵州省委教育工作委员会副书记

贵州省教育厅党组书记、厅长

教育需要顺应自然的规律，顺应生长的节奏，静待花开；教育需要春风化雨，无声润物；教育需要不急不躁，从容不迫；教育需要有一颗朴素的教育心，守住教育的宁静之美。

　　教育应该是"农业"，而不是"工业"。

教育是事业，事业的意义在于奉献；教育是科学，科学的价值在于求真；教育是艺术，艺术的生命在于创新。

　　教育的本原是育人。关键是遵循教育发展规律、教师职业规律、学生成长规律，追寻教育的美好，办好美的教育，这就是人民满意的教育。

老师们、同学们、朋友们，大家好！我是贵州广播电视台的节目主持人赖卓。欢迎大家来到"贵州教育大讲堂"。

首先我要给大家分享三个和教育有关的数字：1041.44，20702 和 6365。单看这三个数字，每一个都很普通，但是当我们给数字加上具体信息以后，它们就变得让人吃惊了。这三个数字的意思是：全省共有在校学生和教师 1041.44 万人；全省共有各类学校 20702 所；在"十三五"期间，全省的教育经费累计投入 6365 亿元。

教育关系着全省近三分之一的人口，入学更是几乎关系到每一个家庭。面对这么一组让人吃惊的数字，我们今天的主讲嘉宾曾经说过一句话："关注教育，就是关注民生。"今天是"贵州教育大讲堂"开堂第一讲，在这个讲堂上，我们的教育专家、我们的教育行家、我们的教育大家们会与我们分享先进的教育理念，分享成功的教育经验。我们也期待，在这个大讲堂上能够碰撞出思想的火花，聆听到最美的教育声音。

接下来，让我们用热烈的掌声邀请今天的主讲嘉宾——中共贵州省委教育工作委员会副书记，贵州省教育厅党组书记、厅长邹联克，他为我们带来的主讲题目是：美的教育，才是人民满意的教育。大家掌声欢迎！

朴素的教育，是美好的教育，内涵着宁静之美，内涵着人性之美，内涵着自然之美。

——邹联克

中共贵州省委教育工作委员会副书记，贵州省教育厅党组书记、厅长邹联克，他从事教育工作30余载，办美的教育、办人民满意的教育，是他心底最美的期望，也是他一直以来坚守的"教育梦"。他将这种执着追求与脚踏实地植入自己的教育生命。今天带着帅气之才、儒雅之味、教育情怀而来的邹联克，作为贵州教育大讲堂的首讲嘉宾，让我们期待他的发声。

　　同学们、老师们、朋友们，大家好！非常高兴在这里和大家沟通和交流。还有几个月我们就要迎来中国共产党建党 100 周年，站在"两个一百年"的历史交汇点上，全面建设社会主义现代化国家新征程即将开启。征途漫漫，惟有奋斗。今天，我们的教育工作该怎么办才能跟得上这个伟大的时代呢？我想先和大家分享一个小故事。

　　去年 12 月 15 日，我去到黔东南州❶从江县丙妹镇的大歹小学。这是一所大山深处的小学。在大山里，依然存在思想观念落后、经济发展困难的现实情况。当地的教育发展严重滞后，与社会发展严重脱节。要想改变这里贫困落后的面貌，教育是非常重要的手段。2019 年，由贵州省教育厅牵头，依托贵阳市南明小学，计划对大歹小学进行为期三年的组团式（驻点）帮扶。当时，我在从江提出了三年的目标：一年大见成效，两年共赢成长，三年全面发展。

---

❶ 即黔东南苗族侗族自治州，一般在口语中简称为"黔东南州"。

从江县大歹小学全景

通过一年的努力，那天在大歹小学，我观看了一场让我毕生难忘的演出。如果从专业的角度来看，节目还有比较大的提升空间，但却非常精彩。一年前，这一群还不太认识汉字也不太能说普通话的学生，一年后，居然能用流畅且较为标准的普通话朗诵《少年中国说》，也能够表演《唱支山歌给党听》，他们还跳了一支很棒的舞蹈，叫《听我说谢谢你》。简简单单的几个节目把在场的我们都打动了，那一刻我们的眼睛都模糊了。看着这群孩子站在舞台的中央，自信、乐观、向上，像花儿一样绽放，我们的心也好像开花了一样。组团式（驻点）帮扶，不仅是一种教育帮扶理念，更是一项实实在在的教育帮扶行动。这样的教育行动有成效、有成果，我作为这些年贵州教育发展的亲历者和见证人，过往历历在目。

王玉老师与大歹小学的学生

那一天，当我看到"豆芽妹"和"大歹娃"灿烂的笑容、黝黑的皮肤，我感觉所有的付出都是值得的。在那一天我们真切地感受到了一种美。这是一种欢乐的美、一种纯真的美、一种自信的美，说到底这些美都是教育的美。没有教育，就不能改变这些孩子的命运。

教育，有些时候还体现出一种付出的美。今年一月份，大歹小学的第一校长王玉老师付出了她生命中的最后时光，永远地离开了我们。王玉老师是贵阳市南明小学的副校长，她去大歹小学担任第一校长的时候，我们都非常担心她的身体。但是，王玉老师对大家说："只有在学校，只

北京市北海幼儿园贵阳分园与大歹幼儿园合作共建启动仪式签订协议现场

在从江县大歹小学举行的贵州省小升初整班移交观摩会现场

有在教室里，只有学生围着我的时候，我才知道，我不是病人，我是老师。"

"老师"，这是一个多么普通的称谓，却有人用尽生命的全部来诠释。当我们在校园里彷徨的时候，当我们用粉笔丈量青春的时候，正是以王玉老师为代表的教育人，提醒着我们，鼓舞着我们。那天，在看完演出后，我非常感慨地说了一句话："从江大歹教育之变，可谓一步跨千年。"这一步是所有人努力付出的结果，更是全省数万名志愿支教教师一起跨出的一步。这一步真的很美！我想，有这样的同事做伴，有这样的团队并肩，我们办教育，就应该能够办得成，就应该能够办得好。

有人说，生命有缝，阳光就能照进来。教育美！教育真美！教育必须美！这是那天我从大歹小学回来以后，结合自己的亲身感悟写下的三句话。作为教育者，就应该努力办美的教育。因为我所理解的美的教育，就是人民满意的教育。今天我就围绕"美的教育，才是人民满意的教育"这个话题，从三个方面和大家做一些交流。

首先，我想和大家谈一谈：什么样的教育才算美？

这些年贵州的旅游业很发达，外地的客人和朋友来得也很多，经常会让我们推荐贵州的美食。我们除了推荐"酸汤鱼""辣子鸡"之外，还会给他们推荐一道叫"朴素"的菜。在座的各位可能不太清楚这道菜是什么，但是大家一定吃过，它就是我们贵州人爱吃的"素白菜"。吃过贵州的素白菜，领略过"朴素"的清澈甘甜，大家都会竖起大拇指。他们说没想到这么朴素的一道菜，居然会这么美。列夫·托尔斯泰曾经说过："朴素是美的必要条件。"我认为经受长时间的检验和观察依然能够让人感受到美的事物，往往都是最朴素的，教育亦是如此。最美的本色就是朴素。

朴素的教育，内涵着"宁静之美"。 从事教育这么多年，我们在座的都知道，教育的道理、教育的智慧、教育的表达都应该是朴素的。过去，我们谈到教育时经常喜欢使用"打造"这个词，比如打造名师，打造名校，打造名校长，打造某种特色教育，等等。何为"打造"？打造就是通过人或者机械进行反复打磨、反复锻造，比如打造景区、打造首饰、打造兵器等。仔细体味，这个词有强行而为的味道，还有匠人加工的感觉。但是教育应该是一个不动声色的、潜移默化的过程，它需要影响，需要浸润，需要用心地付出；它需要积淀，需要坚守，需要长时间地等待。因此，办教育不能像办工厂，或者像编程序，输入几个口令，生产线一转，"咣当"一声，"教育"就横空出世了。现在，我不再把"打造"这个词用在学生的培养和教育上。因为，教育的出发点是人的培养，办教育必须回归我们的初衷。我常说教育需要顺应自然的规律，顺应生长的节奏，静待花开；教育需要春风化雨，无声润物；教育需要不急不躁，从容不迫；教育需要有一颗朴素的教育心，守住教育的宁静之美。

朴素的教育，内涵着"人性之美"。 "教育为了什么？"一直是教育理论界的"元问题"。有人说教育是为了"报国"，有人说教育是为了"挣钱"，也有人说教育是为了"分数"，还有人说教育是为了将来可以"出人头地"。当然，也有人说接受点教育、掌握点技能是为了"混口饭吃"。我们从事教育工作的人都知道，办教育的根本目的是为了人的发展，让人有"才"，让人有"格"。教育，就是让每·个生命体，成为真正的"人"。习近平总书记指出，教育的根本任务是立德树人。核心点是放在"人"上的。

朴素的教育，内涵着"自然之美"。 人才不是"培养"出来的，而是他自己自然而然"生长"出来的。我常常说，教育应该是"农业"，而不是"工业"。工业是一条生产线，一个标准件越精准、误差越小就越好；而农业，种子不同，土壤、水分、阳光不一样，最后成长出来的果实是不一样的。我们面对的每一个学生都是一个独立的个体，就像农业的种子一样。这些种子的培养，这些孩子的成长，不应该是我们"栽培"出来的，而应该是他们自己"生长"出来的。我们仅仅是按照自然规律，给他们提供土壤、空气、阳光和水分，让他们发育、生长，结出丰硕的果实。

亚里士多德曾经说过"教育要遵循自然"，夸美纽斯也把"教育要遵循人的自然发展"作为贯彻《大教学论》始终的指导性原则。因此，办教育不能简单机械地把我们的想法、把社会的想法完全强加在孩子们的身上。事实上，在现实生活中，我们不可能让每一个学生都能就读清华、北大，不可能让每一个学生都成为领导、成为企业家，不可能让每一个学生都成为千万富翁、亿万富翁。有一句歌词写得很好："曾经在幽幽暗暗、反反复复中追问，才知道平平淡淡、从从容容才是真。"如果把这句歌词改一下，可以这样说："在寻寻觅觅里探索，在曲曲折折中找寻，才明白本本真真、朴朴素素、自自然然才是美。"这是我给大家分享的第一个方面——什么样的教育才是美的教育。

其次，我要和大家聊一聊：是什么挡住了教育之美？

在座的很多老师以及教育行政部门的同志，我们都很熟悉。我想问：从你们的角度来看，今天中国的教育、贵州的教育，美不美？或许每个人从自己的角度出发都会有不同的观点、不同的认识和不同的结论。我认为现在的教育不够美，我们对教育之美的追寻被许多"三心二意"的东西遮挡住了。

何谓"三心"？第一个心是教育有了功利心。教育有了功利心，就会去追求一些比较现实的东西。尽管这些年来我们一再强调实施素质教育，但是，实际情况是，素质教育轰轰烈烈，应试教育扎扎实实。我们希望通过素质教育把学生的身心健康与学业进步统筹考虑，有序推进，但是，由于我们急功近利，最后变成学生只要考得好，其他都不重要了。成绩好，成为我们评价学生的唯一标准，功利之心显然。第二个心是教育有了攀比心。读书的时候，我们比成绩、比考试。工作以后，我们比收入、比地位、比名气、比成就、比职称。学校和学校之间，班级和班级之间，老师和老师之间比升学率。这种攀比心，必然让我们的教育不可能那么美了。有些学校贴的标语："多考一分，干掉千人。""只要学不死，就往死里学。"这都是我们的功利心和攀比心导致的。第三个心是教育有了职业心。我们没有把教育作为一项事业，而是把教育作为一个职业。我理解，如果把教育作为一项事业，事业的意义在于奉献；而把教育作为一个职业来看的话，它就只是一个谋生的手段而已。当我们把教育作为一个谋生手段的时候，它自然就只是一个工具。

什么是"二意"呢？第一个意，是家长的不中意，总是抱怨学校、抱怨教师、抱怨教育。第二个意，是家长对教育结果的不满意，总是认为学校没有把自己的孩子培养成理想的模样，而这种理想的模样就是要考上理想的大学、找到理想的工作，忽略了一个人根本的成长。

不知从何时起，教育之美慢慢在学校、在家庭、在社会中缺失。那么，是什么把教育之美偷走了呢？我想是三个缺少把教育之美偷走了。

第一个是缺失信仰，偷走了教育之美。 信仰应该是我们做人、做事、立业的根本所在，如果一个人的信仰走偏了，肯定是会挡住教育之美的。现在社会上有些人总是以财富的多少、权力的大小作为成功与否的标准。这样的观点变成了用金钱和权力来衡量成功，用这种走偏的信仰来办教育，教育不可能美。

第二个是缺乏敬畏，偷走了教育之美。 有一个效应叫"剧场效应"：在剧场里面看戏，坐在前排的人站起来，后面的人看不到，接着站起来，结果一个站得比一个高。今天我们的教育也有了"剧场效应"：你星期六补上午，我星期六补一天；你星期六补一天，我星期天再加半天。❶一个比一个强，一个比一个力度大。完全违背了教育规律，违背了学生成长的规律。如果我们不敬畏规律，我们办教育就不会守规矩。当我们在教育上失去了敬畏，办教育就会我行我素，大胆妄为。有些校长说：我是这个学校的一校之主，要补多久我说了算。缺乏对教育的敬畏。如果没有怀着敬畏之心来办教育，教育肯定就会缺少美。

第三个是缺少感动，偷走了教育之美。 为世间的美好事物而感动应该是人之常情。假设我们对所有的事物都没有感觉，都不会感动，我们就缺乏了一种灵魂深处的核动力。感动可以洗涤人的灵魂，可以升华人格，荡涤心绪。今天，在我们的教育过程中，很多人都不太感动了，也不会感动了。我们日复一日，照本宣科，就像没有水的枯井，在这口井的周围，只能生长出荒芜的杂草、贫瘠的灵魂。如果没有怀着感动之心

---

❶ 此处指学生周末竞相补课的情况。

来办教育，教育怎么会美?

在高考录取工作动员会上，我给参加高考录取的同志们说了两句话。第一，我们要感恩高考。没有高考就没有我们在座的今天，是高考这个制度设计改变了我们的人生，改变了一个国家和民族的命运。第二，我们要敬畏高考。因为我们受益于高考这个制度设计，我们今天在从事这个职业、开展这项事业的时候，就必须敬畏它，体现它的阳光、公平和公正。让我们在遵守规律上，让我们在感动发展上，让我们在坚守信仰上，把教育的美找回来。这是我和大家说的第二个方面，是什么挡住了教育之美。

最后，我想和大家讲一讲：怎么来办美的教育?

美的教育很重要，那么怎么来办美的教育呢? 什么样的教育是美的? 怎么样做才能让人民满意? 我一直是这样认为的：美的教育应该就是能够让人民满意的教育。那么，人民对教育的满意是什么样的? 我想从两个层面来进行分析。

从宏观层面上来看，教育要让人民满意，必须要做到有教无类、因材施教、人人成才、终身学习，这是教育的中国梦，这也应该是我们从宏观层面上来看人民满意的教育的一个基本要求。从微观层面上来看，每一个家庭、每一个孩子都希望能够选择好的学校，挑选好的老师，接受好的教育，这也是无可厚非的。但是我们的老师怎么才能让家长满意呢? 我们的教育系统、我们的政府怎么才能把教育办好，让人民满意呢? 我想，办美的教育，要从三个方面着手。

第一，要坚持以人民为中心的发展理念办美的教育。今年是中国共

德江三幼校园一角

产党建党 100 周年，中国共产党从无到有，从弱到强，从小到大，从一大❶代表 13 人到今天党员 9000 多万人，成为世界上第一大的政党。中国共产党是如何领导中国人民从站起来、富起来到强起来的？根本的一条是中国共产党的初心，是为中国人民谋幸福，为中华民族谋复兴。今年要开展党史学习教育，我们要从党的成长发展的历史中汲取智慧的力量。中国共产党领导中国人民不断取得一个又一个伟大胜利，特别是在疫情防控、脱贫攻坚、经济发展中，取得了前所未有的、世界瞩目的成绩，根本

---

❶ 即中国共产党第一次全国代表大会。

原因就是树立了以人民为中心的发展理念。美的教育，教育的根源是人。因此，以人民为中心的发展理念，必然也必须成为我们教育发展的根本理念和价值追求。具体来看，就是要全心全意地为学生的发展谋划，为教师的成长考虑。习近平总书记指出，历史是最好的老师。它忠实地记录了每一个国家走过的足迹，也给每一个国家未来的发展提供了启示。在这个过程中，我们得到了什么启示，受到了什么教育？苦不苦，想想红军长征二万五。红军爬雪山、过草地是怎么过来的？其实，就是心中有国之大者，就是坚持自己的初心和使命。习近平总书记在清华大学考察时❶，明确提出了"中国教育是能培养出大师的"，我们要有这个自信，要拓宽视野，兼收并蓄，要扎扎实实把中国教育办好。习近平总书记还强调，百年大计，教育为本。教育事关千秋万代，涉及千家万户；谈教育可以是千言万语，看教育也可以是千差万别，办教育却是千辛万苦；办好教育就必须千方百计，还需要千军万马。这几个"千""万"，全面、充分和深刻地反映了教育工作的重要性、复杂性和艰巨性。这些年，贵州高等教育的毛入学率在不断提高，每年我们高考的录取率接近90%。但是，在贵州上大学，可能并不是所有贵州家长的第一选择吧。这说明了什么问题？说明我们贵州的高等教育发展还不够完善，还不能让我们的家长和学生都满意。这种情况不仅仅在高等教育中，在学前教育、义务教育、高中教育、职业教育中都不同程度地存在。我们今天的教育和老百姓的需求还有比较大的差距。未来，教育要服务于国家发展战略；未来，国家发展战略之一就是巩固脱贫攻坚的成果，实施乡村振兴。贵州的乡

---

❶ 此处指 2021 年 4 月 19 日习近平总书记考察清华大学。

村非常需要振兴，要振兴乡村，最大的依靠就是人才。我们只有把贵州的学生都培养成人才，让贵州的人才来振兴贵州，振兴的贵州才能有更多的待遇回报人才，把学生培养成人才。如果这样的话，我想老百姓对教育的满意度就会进一步地提高了。

为了进一步办好贵州教育，我们提出今年在教育发展上要有三个突破。第一个突破是教育的普及程度要突破。大家都知道，普及程度要突破说明我们的教育资源要扩充，接受教育的人数要增加，特别是高等教育的毛入学率还要进一步地提高，让更多人都能接受高等教育。当然，这也包括学前教育、义务教育和高中教育。第二个突破是教育结构要突破。它解决的是教育的针对性和实效性的问题，让我们的孩子从能够有学上转变为能够上好学。教育结构的调整是资源布局的调整，是学科专业的调整，是人才培养模式的调整。第三个突破是教育改革要突破。它要解决的是我们教育发展的体制和机制问题，从而保障我们的教育有序地发展，不断提高我们在教育方面的治理能力和治理体系的现代化。我们要努力办让人民满意的教育，办美的教育，校长、教师很重要，但是我们不能只对教师提要求，还要关心教师、帮助教师，同时提供相应的保障。今年省教育厅提出了要做好五个保障工作。第一个保障是规划先期保障，做好"十四五"规划，谋划好教育未来的发展，让贵州教育更早地进入全国第二方阵，步入西部省区先进行列。第二个保障是治理制度的保障，解决好教育治理能力和治理体系现代化的问题。第三个保障是创新动能的保障，解决通过创新推动教育更好发展的积极性和内生动力。第四个保障是乡村振兴保障，乡村要振兴，教育必须要振兴，乡村要振兴，必然靠教育。第五个保障是稳定兜底保障，我们要让教育在一个安全、稳定、

学生们正在开展阅读活动

和谐的环境中有序地发展。当然，我们今年的工作还有很多，我想这"三个突破""五个保障"应该是我们努力办美的教育、办人民满意的教育的重要方面。此外，我们今年还准备抓50项重点工作，大家可以关注教育厅的网站，这50项工作都比较明确和具体。在教育的发展过程中，以人民为中心的发展理念是必须一以贯之地坚持、坚守和落实的。纵观中华民族几千年的历史，一直都有尊师重教的优良传统。无数先贤为延续中华文脉、培养知识良才不懈求索，也提出了怎么把人培养好的问题。今天党和国家对教育的需求比以往任何时候都更加迫切，对科学知识和卓

美的教育，才是人民满意的教育

越人才的渴求也比以往任何时候都更加强烈。可以这样说，今天的教育已经被推向决定历史进程的关键位置。习近平总书记今年2月3日~5日到贵州视察的时候就教育工作提出了明确的要求：要把教育这个管长远的事抓好，全面贯彻党的教育方针，落实立德树人根本任务；要加强学生的政治引领、思想引领、价值引领和品德引领，帮助学生树立正确的世界观、价值观和人生观。当前和今后一个时期，我们要把学习贯彻落实习近平总书记视察贵州重要讲话精神作为重要政治任务，作为我们教育发展的总指针、总遵循。习近平总书记还强调，教育是国之大计，党之大计。我们要把习近平总书记关于教育的这"两个大计"转化成为特色教育强省的历史自觉和责任担当，成为我们办美的教育的动力和源泉之一。

第二，要坚持在关爱生命中呼唤教育情怀办美的教育。教育是一项事业，教育是需要情怀的。办美的教育就是要在关爱生命中呼唤教育的情怀。"爱在爱中满足了"，纪伯伦是这样说的；"爱满天下"，陶行知是这样身体力行的。有两句话大家都很熟悉。一句话是"为什么我的眼里常含泪水？因为我对这土地爱得深沉"，大家都知道是艾青说的。还有一句话是"哀其不幸，怒其不争"，这是鲁迅先生所讲的。虽然他们表达的文字、情绪不太一样，但是他们都带着一种情怀。大家不要以为情怀就是高大上的，跟不上、挨不上，离自己很远，其实情怀是非常现实和非常实际的。从事教育的人，我们要有的情怀首先是家国情怀，教育工作者的家国情怀要通过在教育的管理中、在教育的服务中不断地履行好自己的光荣职责来得以彰显、得以实现。作为教育工作者，爱国之心、报国之情、强国之志都是我们行为实践的根本所在。办美的教育，办人民满意的教育，集中地体现着富有教育情怀的教育工作者对国家和民族的奉献之心和炽热的

教师用心为学生讲解知识

深情大爱。作为教育者，如果没有这种情怀，不可能把教育办好。因为教育特别是教育者需要怀抱着持久的热忱，以爱育爱，以情激情。南明小学去帮扶大歹小学以后，提炼的大歹小学的校训，或者叫办学理念，就是"以爱育爱"，让大歹的孩子通过接收爱去感受爱，最后来回报爱。办美的教育，办人民满意的教育，需要我们遵循教育规律，按照人的发展规律、成长规律，去办学、去管理、去改革、去发展、去育人。不同年龄段的人，心理的成熟度是不一样的。因此，对他们的教育肯定是不一样的。即使是同一个年龄段的人，不同的个体，差异也是很大的。因此，我们要

苗圃中的趣味学习

对每一个个体都抱有一种教育的情怀，我们要继承和发扬老一辈教育工作者"捧着一颗心来，不带半根草去"的精神。我们要始终遵循"爱心产生奇迹"的师爱育人规律、"绝知此事要躬行"的榜样示范规律、"性格主宰命运"的人格培养规律、"习惯成就未来"的养成规律、"你我都是风景"的个性发展规律。除此之外，还有两个规律我们也要遵循：有梦想就有希望的理想信念的规律，好孩子都是激励出来的；有国才有家的德育教育的规律。这些规律，是我们在充满教育情怀的背景下所遵循的规律。遵循学生个性成长的特点与人格形成的各种发展规律，顺道行之，我想我们的孩子就会成长得好，我们的教育就应该会是美的，人民对这样的教育的满意度就会提升。如果我们都怀着一种情怀去从事教育工作，那么，我们从事教育工作的人就应该是愉悦的，我们做奋斗的教育者就应该是充实的，我们成为有爱的教育人就应该是幸福的。我想这应该是我们办教育的一种自然的教育生态，也是我们对教育发展的一种追求。

第三，要坚持从漫漫征途中回归教育的初心办美的教育。 教育是长周期的事业，点多、面广、线长，只要人和人的社会存在，教育就永远存在。在漫漫教育的征途，行走其间，我们都会有这样或者那样的感受。有些时候遗忘了，有些时候丢失了，有些时候忘记了来之所向。纪伯伦说："我们已经走得太远，以至于忘记了为什么出发。"教育者教育的初心是什么？教育的根本任务就是立德树人。树人就是教育的初心，回归教育的初心就是要破除浮躁的情绪和功利的心态。我们要以破"五唯"作为导向，把党委和政府、学校、教师、学生、社会这五类群体作为抓手，扎实推进新时代教育评价的改革工作，这是事关我们教育未来发展的关键之举。只有把新时代教育评价的问题解决了，我们的教育才可能更好地发展，才可能是美的教育、人民满意的教育。回归教育的初心，我们在办教育上要坚持五育并举，也就是德智体美劳一起抓。要大力实施新时代立德树人工程，一体化构建思想政治工作的体系，探索建立"三全育人"的新模式促进学生全面发展。教育是一场旅行，而且可以说是一场非常漫长的旅行，任何时候我们都不能忘记了前行的方向和我们要到的目的地。我们办教育就是要解决好上学难、上学贵、优质少、布局差、负担重这些问题。我们要努力办好老百姓家门口的学校。今年我们要在全省增加农村幼儿园集团化管理资源中心 100 个，新建改扩建公办幼儿园 100 所、义务教育学校 300 所、普通高中学校 80 所，还要创建优质的义务教育公办学校 500 所。特别强调要关注弱势群体，办好特殊教育学校。

要新增 5 所省级示范中职学校，中职在校学生的规模要达到 55 万人。我们提出，职业教育发展在"十四五"期间要实现"人人职教、个个就业、家家致富"。我们要打造 10 个覆盖全产业链、辐射区域产业发展的紧密型职业教育联盟，解决老百姓的需求，解决教育的刚需问题。我想，如果我们能把教育的未来目标与老百姓的需求紧密地结合起来，一点一点做，一步一步走，老百姓的满意度就会逐步提高。这样的话，我们贵州的教育也一定会越来越美。这是我给大家讲的第三个方面，我们怎么来办美的教育。

同学们、老师们、朋友们，朴素是最美的，朴素的教育是美的教育，它涵盖了宁静之美、人性之美和自然之美，但是今天由于我们缺失信仰、缺乏敬畏、缺少感动，偷走了我们教育的美。从今天以后，我们必须坚持以人民为中心的发展理念，在关爱生命中呼唤教育情怀，从漫漫征途中回归教育初心，来努力办美的教育。

我一直很喜欢一段话，在这里和大家一起分享："教育是事业，事业的意义在于奉献；教育是科学，科学的价值在于求真；教育是艺术，艺术的生命在于创新。"我希望我们所有的同志都能不断地去求真、不断地去奉献、不断地去创新。只有把教育作为事业、作为科学、作为艺术，教育才会美，教育才会真的美。也希望我们不断地去追求美、发现美、感悟美、创造美，把贵州教育办成美的教育，办成老百姓满意的教育。希望所有的同志不忘"来时路"之艰辛，强化"脚下路"之责任，坚定"未来路"之美好。因为教育是面向未来的事业，未来是走出来的，而不是找出来的，走出来就需要我们去创造、去实践、去探索。

贵州今天的辉煌得益于昨天之贵州教育，贵州明天的精彩将托付于今天之贵州教育。十年树木，需要阳光、空气、雨露、土壤；百年树人，需要关爱、抚养、浇灌和滋润。在美美与共中办美的教育，提升教育美感的指数，办好人民满意的教育。我相信着，也期待着，贵州教育的鲜花在前方，我们携手同行在路上。

今天我就和大家交流这些。谢谢大家！

第一讲完整视频

第 二 讲

教书育人之美

（2021 年 6 月 27 日）

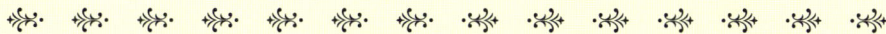

◆ 主讲人 ◆

李建军
贵州大学党委书记

有什么样的教师，就有什么样的教育；有什么样的教育，就有什么样的学生。

　　梦想要以梦想去点燃，理想要用理想去唤醒。

教师的工作就是塑造灵魂、塑造生命、塑造人。

教师肩负着教育使命，有了爱，就有了前进的动力，就能汇聚成一股不可阻挡的强大力量。

教育的全部目的就是使人获得智慧。

老师们、同学们、朋友们，大家好！欢迎大家来到"贵州教育大讲堂"，我是主持人赖卓。

"教育大计，教师为本。"习近平总书记的讲话深深地震撼着我们的心灵。一个国家的繁荣昌盛、民族的振兴需要的是积极向上、团结奋进、有先进的科学知识、有强烈爱国心和奉献精神的青年人。培养青年一代需要社会、家庭和学校团体的力量，而学校教育在其中起着不可小觑的作用。

教师是太阳底下最光辉的职业。从古至今，教师这一职业任重而道远。那么在民族努力推动实现伟大复兴的今天，要怎样才能做好一个合格的教师呢？习近平总书记在北京师范大学看望教师、学生时强调：做一名好的教师，需要有理想信念、有道德情操、有扎实学识、有仁爱之心。那么，怎样才能做好这"四有"呢？

今天来到我们"贵州教育大讲堂"的主讲嘉宾，他将从"建设高素质教师队伍，做'四有'好老师""践行教书育人使命，当好学生健康成长的指导者和引路人""学为人师，行为世范，培养担当民族复兴大任的时代新人"三个方面与大家展开交流。

接下来我们有请贵州大学党委书记李建军教授为我们开讲。

一个只埋头教书的教师，充其量只是一个教书匠，只有既教书又育人的老师，才是一个好老师。

——李建军

❖❖❖❖❖❖❖❖❖❖❖❖❖❖❖❖❖ ◆ ❖❖❖❖❖❖❖❖❖❖❖❖❖❖❖❖❖

❖❖❖❖❖❖❖❖❖❖❖❖❖❖❖❖❖ ◆ ❖❖❖❖❖❖❖❖❖❖❖❖❖❖❖❖❖

贵州大学党委书记李建军教授，自 1985 年以来一直致力于高等教育事业发展。36 年来，他身体力行、率先垂范，始终秉承"学高为师、身正为范"的好老师标准；36 年来，他爱生如子、言传身教，始终坚持"以灵魂塑造灵魂、用人格培养人格"的教育理念。今天，李建军书记将与大家分享如何做新时代的"四有"好老师。

老师们、同学们、朋友们，大家好！很高兴有这个机会和大家一起学习交流。百年大计，教育为本。教育大计，教师为本。教师作为立教之本、兴教之源，党和国家历来都高度重视教师工作。党的十八大以来，以习近平同志为核心的党中央将教师队伍建设摆在了更加突出的位置，作出了一系列重大决策部署：

2014 年 9 月 9 日，习近平总书记在考察北京师范大学时强调："全国广大教师要做有理想信念、有道德情操、有扎实学识、有仁爱之心的好老师。"

2016 年 12 月 8 日，习近平总书记在全国高校思想政治工作会议上指出，教师是人类灵魂的工程师，承担着神圣的使命。传道者自己要首先明道、信道，教育者要先受教育。习近平总书记要求教师要成为学生做人的镜子，成为先进思想文化的传播者、党执政的坚定的支持者，以高尚的人格魅力赢得学生的敬仰，学为人师，行为示范，以模范的言行举止为学生树立榜样。

2018 年 1 月，党中央、国务院发布了《关于全面深化新时代教师队伍建设改革的意见》，这是新中国成立以来，党中央出台的第一个专门面向教师队伍建设的里程碑式的政策文件。

2018 年 5 月 2 日，习近平总书记考察北京大学时明确指出，建设政治素质过硬、业务能力精湛、育人水平高超的高素质教师队伍是大学建设的基础性工作，并强调要抓好师德师风建设，为新时代高校教师队伍建设指明了前进的方向。

2018 年 9 月 10 日，习近平总书记在全国教育大会上再次强调，教师承载着塑造灵魂、塑造生命、塑造新人的时代重任。

今年 4 月 19 日，习近平总书记在清华大学考察时提出，大学教师对学生承担着传授知识、培养能力、塑造正确人生观的职责。教师要成为"大先生"，做学生为学、为事、为人的示范，促进学生成长为全面发展的人。要研究真问题，着眼世界学术前沿和国家重大需求，致力于解决实际问题，善于学习新知识、新技术、新理论。要坚定信念，始终同党和人民站在一起，自觉做中国特色社会主义的坚定信仰者和忠实实践者。作为一名教育工作者，要牢记培养德智体美劳全面发展的社会主义建设者和接班人的根本任务，坚持全员育人、全程育人、全方位育人，也就是"三全育人"，做到德智体美劳"五育并举"，把立德树人的成效作为检验学校一切工作的根本标准。尤其是要争做习近平总书记要求的新时代的"四有"好老师，当好学生健康成长的指导者和引路人。下面，我想谈三点感受，与大家共勉：

一、建设高素质教师队伍，做"四有"好老师

国以才立、政以才治、业以才兴，高素质的教师人才队伍，是教育高质量发展的根本。一流的学校特色不尽相同，但有一个共同点，就是一流的师资成就一流的学校。著名教育家梅贻琦先生曾经说过："大学者，非谓有大楼之谓也，有大师之谓也。"《礼记·大学》中有："大学之道，在明明德，在亲民，在止于至善。"

2014年9月9日，习近平总书记在与北京师范大学师生代表座谈时指出，一个人遇到好老师是人生的幸运，一个学校拥有好老师是学校的光荣，一个民族源源不断涌现出一批又一批好老师则是民族的希望，并就如何做一名好老师提出了四点要求，即要有理想信念，要有道德情操，要有扎实学识，要有仁爱之心。

第一，做有理想信念的好老师。

理想信念是好老师的人格基石，好的老师是"经师"和"人师"的统一。唐代诗人韩愈说："师者，所以传道受业解惑也。""传道"是第一位的，一个教师如果只知道"受业"和"解惑"而不"传道"，不能算是完全称职的教师，最多只能说是"经师"，而非"人师"。

教师是人类文明的传播者、学生人生道路的引路人。有什么样的教师，就有什么样的教育；有什么样的教育，就有什么样的学生。梦想要以梦想去点燃，理想要用理想去唤醒。一个有理想信念的教师，才能在学生心中播下梦想的种子。在价值取向多元、各种思潮相互激荡的时代，教师尤其要以理想信念为基，用远大的志向、高尚的情操引领学生前行。

广大教师只有树立崇高的职业信念，把教书育人当作自己的伟大使命，我们的教育才会大有可为，我们的学生才会大有作为。因此，好老

中国文化书院前的孔子像

师应当始终同党和人民站在一起，站好课堂讲坛，用自己的行为倡导社会主义核心价值观，用自己的学识、阅历、经验和行为引导学生对真善美的向往。

"心有大我、至诚报国"的吉林大学黄大年教授就是具有崇高理想信念的教师典范。他有着一颗为中国梦澎湃的赤子之心，从"海漂"到"海归"，他的归来，能让某国航空母舰编队后退100海里。黄大年把个人的梦想融入实现中华民族伟大复兴中国梦的壮阔篇章之中，把爱国之情、强国之志、报国之行融入祖国改革发展的伟大事业之中。

贵州大学西校区大门

　　作为一名共产党员，他信念坚定、一心向党、忠于人民；作为一名海外留学人才，他以身许国、痴心爱国、无怨无悔；作为一名人民教师，他爱生如子、立德树人、甘为人梯。黄大年教授曾经在入党志愿书中写道：若能做一朵小小的浪花奔腾，呼啸着加入献身者的滚滚洪流中，推动历史向前发展，才是一生中最值得骄傲和自豪的事情。

　　他还曾说过："我是带着梦想回来的，梦想和现实应该在同一个地方找到完美的闭合……在科研的黄金期，回国报效祖国，是情结、是必然。"黄大年教授用生命树立起了一座丰碑——一座标示着知识分子高尚情怀的爱国报国丰碑。

第二，做有道德情操的好老师。

道德情操是好老师践行教育使命的核心品质。"教，上所施，下所效也；育，养子使作善也。"教师的职业道德要求是"爱国守法、爱岗敬业、关爱学生、教书育人、为人师表、终身学习"。教师的职业特性决定教师必须是道德高尚的人。教师的工作就是塑造灵魂、塑造生命、塑造人，最终达成向善的教育目标。

教师必须坚持言传身教，用自己的道德情操去感染学生、引导学生。合格的老师首先是道德上的合格，好老师首先应该是以德施教、以德立身的模范，因此要有"捧着一颗心来，不带半根草去"的奉献精神。

《论语》有言，"其身正，不令而行"。学生对于教师不仅是听其言，更是观其行，教师在学生眼中是为人的模范。一个教师如果在是非、曲直、善恶、义利等终极价值观上都有偏差，就无法担当起立德树人的神圣职责。

教师只有以德立身、以身作则，学生才能以师为镜，自觉践行社会主义核心价值观。因此，好老师应该取法乎上、见贤思齐，不断提高道德修养，提升人格品质，用模范的言行举止为学生树立榜样，用高尚的人格魅力引领学生的心灵，努力成为塑造学生品格、品行、品味的"大先生"。

第三，做有扎实学识的好老师。

具备扎实的学识是好老师的基本素质。教书育人是教师的使命，因此教师一定要有扎实的学识。正如习近平总书记所强调的，"水之积也不厚，则其负大舟也无力"，扎实的知识功底、过硬的教学能力、勤勉的教学态度、科学的教学方法是教师的基本素质。

如果教师知识不扎实、教学不过硬，教学中必然会捉襟见肘，更谈不上游刃有余。随着信息技术的高速发展，智能化、智慧化社会进程进一步加快，社会更加需要具备灵活性、适应性、自主性、合作能力以及创新精神的高素质人才。教师要对课堂有敬畏之心，做一名好老师必须具备扎实的学识，努力提升自身的学识魅力。陶行知说，教育者应先受教育。活到老学到老，这样才能满足学生强烈的求知欲，促进学生的成长成才。好老师应该具备扎实的知识功底、过硬的教学能力、勤勉的教学态度和科学的教学方法，能够在知识、思维、方法等方面给予学生积极的帮助和引领。

俗话说："给人一杯水，自己要有一桶水。"教师自己要博学笃行，才能有自信去言传身教。好老师要树立强烈的改革创新意识，这对人才培养和教育事业发展具有重要的意义。

教师要有改革创新的自主性，要持续提高教育教学的质量；要有改革创新的精神，积极吸纳科学的教学理念和前沿的科研成果，丰富教育教学的内容和资源；要有改革创新的先进性，采用科学高效的教育方法，引导学生在实践操作中提升批判探究的能力，使其成长为知识丰富、视野宽广、德才兼备、全面发展的国家栋梁之材。

第四，做有仁爱之心的好老师。

仁爱之心是好老师的职业的灵魂。为人师者，当为仁爱之师。学生，无论长相、性格，还是智力、家境，都有所差异，但他们有一个共同的身份就是：你的学生。孔子说："有教无类。"教师肩负着教育使命，有了爱，就有了前进的动力，就能汇聚成一股不可阻挡的强大力量。"学高为师，德高为范。"教师要用自己高尚的德行去影响学生、感染学生、教育学生，使学生树立高尚的情操和正确的价值观。

要通过细心地观察、倾心地交谈、悉心地照顾、耐心地帮助，使学生能够与老师面对面地敞开心扉，促进学生的全面发展，培养学生良好的道德品质。同时，做一名好老师必须要有仁爱之心。好老师要用爱培育爱、激发爱、传播爱，通过真心、真诚、真情拉近与学生的距离，滋润学生的心田，使自己成为学生的好朋友和贴心人。把爱看作对学生的一种责任，是对学生的一种尊重、鞭策和激励，更是一种能触及灵魂、动人心魄的教育过程。

在此，我不禁想起了"最美乡村教师"张桂梅老师的事迹。她坚守教育报国初心，牢记立德树人使命，扎根云南贫困山区40多年，立志用教育扶贫斩断贫困的代际传递。她倾力建成了全国第一所全免费的女子高中，为帮助贫困学生，她拖着病体进行家访，跋山涉水行程10万多公里，让1600多名贫困山区女孩圆了大学之梦。她建起的华坪高中，连续10年高考综合上线率保持在100%。她创造的奇迹，托举起了当地群众决战决胜脱贫攻坚的信心与希望。

她是东北人，却把人生最美好的时光献给了崇山峻岭之中的云南边疆；她没有子女，却被数百个孩子称为"妈妈"。正如在张桂梅老师荣获"感动中国2020年度人物"颁奖词里写道的："烂漫的山花之中，我们发现了你。自然击你以风雪，你报之以歌唱。命运置你于危崖，你馈人间以芬芳。不惧碾作尘，无意苦争春，以怒放的生命，向世界表达倔强。你是崖畔的桂，雪中的梅。"

贵州大学图书馆

二、践行教书育人使命，当好学生健康成长的指导者和引路人

2016 年 9 月 9 日，习近平总书记在视察北京市八一学校时提出："广大教师要做学生锤炼品格的引路人，做学生学习知识的引路人，做学生创新思维的引路人，做学生奉献祖国的引路人。"这四个"引路人"的要求，需要我们每一位老师学思践悟、身体力行。

2021 年 4 月 19 日，习近平总书记在清华大学考察时强调，广大青年要肩负历史使命，坚定前进信心，立大志、明大德、成大才、担大任。

践行育人使命，需要老师们当好学生的指导者与引路人。

第一，做学生锤炼品格的引路人。

习近平总书记指出，"教师不能只做传授书本知识的教书匠，而要成为塑造学生品格、品行、品味的'大先生'"，"要做'经师'与'人师'的统一者"。

一要引导学生"修德"。

习近平总书记指出："道德之于个人、之于社会，都具有基础性意义，做人做事第一位的是崇德修身。这就是我们的用人标准为什么是德才兼备、以德为先，因为德是首要、是方向，一个人只有明大德、守公德、严私德，其才方能用得其所。"孔夫子提出"修齐治平"，只有先修身，才能齐家、治国、平天下，而修德又是修身的前提。

广大学生肩负着民族复兴的历史重任，教师不仅要教会学生学有专长，还要教会学生立德修身，让学生做到既专攻博览，又有家国情怀，关心天下、关心人民，天下兴亡，匹夫有责。

二要引导学生"立志"。

2017 年 5 月 3 日，习近平总书记在中国政法大学考察时，号召当代的青年要树立与这个时代主题同心同向的理想信念，勇于担当这个时代赋予的历史责任，励志勤学、刻苦磨炼，在激情奋斗中绽放青春光芒、健康成长进步。作为教师，应该自觉遵循习近平总书记的重要讲话精神，帮助和引导广大学生志存高远，立报国之志、学报国之才、践报国之行。"苟利国家生死以，岂因祸福避趋之。"

三要引导学生"炼心"。

首先要培养学生的健全心智。千里之行，始于足下。"炼心"不是一蹴而就的，需要从小事做起，从小做起，从简单做起，慢慢地磨炼自己，从而发现自己的不足，并逐渐地完善自己。苏轼曾经说过："古之立大事者，不惟有超世之才，亦必有坚忍不拔之志。"这说明，优秀的学生除了要有高尚的品德和远大的志向，还应该具有坚强的意志力。

作为教师，应该引导广大学子不断地在逆境中磨炼自己，以充沛的精力和坚忍不拔的毅力克服成长道路上遇到的困难和挫折。只有这样，才能在未来担负起国家富强、民族复兴的大任。

第二，做学生学习知识的引路人。

习近平总书记指出，"青年处于人生积累阶段，需要像海绵汲水一样汲取知识"，"要坚持教育者先受教育"。教师本身也需要具备学习知识的能力。

一要基于认知过程建构知识学习目标分类体系。

作为教师，要学习知识，而不是搬运信息。教师必须有能力为知识学习建构"记忆、理解、运用、分析、评价、创造"的目标层级体系，才能帮助学生最大限度地把握知识。孔子说得好：有教无类，因材施教。

二要把知识学习过程与思维训练过程相统一。

在学习知识的过程中，不能简单僵化地进行教学。要把教授学生对知识的举一反三、融会贯通作为教师的使命，达到训练学生思维的目的。

约翰·杜威指出，把获得知识本身当作目的，或者把获得知识当作思维训练的不可或缺的一部分，这两者是全然不同的。只有在思维过程中获得的知识，才不是偶然得到的知识，才能具有逻辑的使用价值。

三要做到转识成智，享受学以致用的快乐。

教育的全部目的就是使人获得智慧。教育是以知识为媒介，引导人生智慧生成的艺术，教育生活应当是一场"转识成智"的特殊历程。因此，教师应该主动享受知识积累的乐趣，寓教于乐，快乐学习。

第三，做学生创新思维的引路人。

习近平总书记强调："创新是一个民族进步的灵魂，是一个国家兴旺发达的不竭动力，也是中华民族最深沉的民族禀赋。"因此，我们要努力成为学生创新思维的引路人。

一是善于激发和发现学生的新观点、新思想。

要充分尊重学生的想象力。新的学生观倡导以人为本，促进学生的全面发展，每个学生都是独立的个体，每个人就是一个独立的世界。一花一世界，一叶一菩提。善于发现每个学生身上的闪光点，是教育成功的关键。世界上没有两片相同的树叶，学生也是如此，所以，对学生的教育应该做到因材施教。

加涅的学习理论表明，人的技能有五种：智慧技能、言语信息、态度、动作技能、认知策略。每个人发展的领域是不同的，教师要善于发现学生的新观点、新思想，多用鼓励的语言、赞赏的方式来激发学生的新思想，要说"你行，你肯定行"，而不能说"你不行，你肯定不行"，要使学生成为具有较强思维能力的人。

二是重视培养学生提出问题与解决问题的能力。

在教学过程中，要多利用提问的方式来激发学生的思维能力和学习兴趣。多采用互动的方式来锻炼学生主动提出问题、思考问题是学习的最佳途径。随着现代教育理念的不断更新、教育改革的不断深入，教学活动中学生的主体地位越来越明显，教学效果一次次证明：授人以鱼不如授人以渔。让学生掌握行之有效的方法至关重要。教师必须在转变角色的同时改变自己的观念，要在教学中重视对学生提出问题和解决问题能力的训练，培养学生既能做到"大胆假设，小心求证"，又能做到"解放思想，实事求是"。帮助学生提升发现问题、解决问题的能力和素养。

第四，做学生奉献祖国的引路人。

习近平总书记指出："教育就是要培养中国特色社会主义事业的建设者和接班人，而不是旁观者和反对派。"

一是要培养正确的历史观、民族观、国家观、文化观。这既是精神文明建设的重要内容，也是提升文化自信的应有之义，更是实现中华民族伟大复兴的迫切的文化需求。

历史和文化连接着国家和民族，没有历史和文化，很难正确地认知、理解国家和民族。离开了国家和民族，也很难清晰地把握人类文明的进程和历史发展的脉络。人类从蒙昧迈向文明，国家和民族是这个进程当中的两座高峰。

历史、民族、国家、文化共同构建了人类社会发展璀璨图景的重要画卷。历史虚无主义和狭隘的民族主义以及民粹主义都是有害的，必须摒

贵州大学阅湖

教书育人之美

弃。要努力培养学生"苟利国家生死以，岂因祸福避趋之"的家国情怀，使学生成为有理想、有抱负、有血性、有温度的人。

二是增强对中国特色社会主义的思想认同、理论认同、情感认同。

2016 年，在全国高校思想政治工作会议上，习近平总书记明确提出："要坚持不懈培育和弘扬社会主义核心价值观，引导广大师生做社会主义核心价值观的坚定信仰者、积极传播者、模范践行者。"

培育和践行社会主义核心价值观，应着力从情感、理论和实践三个维度出发，层层递进、久久为功，使之成为全社会共同遵循、全体公民自觉践行的行为准则。以情感认同为基石，增强社会主义核心价值观的感召力；以理论认同为支撑，增强社会主义核心价值观的说服力；以实践认同为落脚点，增强社会主义核心价值观的行动力。要牢固树立中国特色社会主义的道路自信、理论自信、制度自信和文化自信。

三、学为人师，行为世范，培养担当民族复兴大任的时代新人

党的十九大报告中提出了"培养担当民族复兴大任的时代新人"的新要求。这一重要论断，深刻回答了党在新时代"培养什么人、怎样培养人、为谁培养人"等根本问题，为新时代中国特色社会主义的人才培养指明了方向。如前所述，梅贻琦先生说："所谓大学者，非谓有大楼之谓也，有大师之谓也。"这样的大师，既是学问之师，又是品行之师。关于如何做一名好老师，我认为关键是要有教养、修养、信仰。

一是为人师表，要有良好教养。

教养是表现在从小到大养成的行为方式中的道德修养状况，指一般文

化和品德的修养。礼貌只是教养的表现形式之一。

"学为人师，行为世范"，这是北京师范大学的校训。短短八个字，庄重典雅，寓意深刻。著名的书法家、教育家启功先生阐释它最基本的含义就是"所学要为世人之师，所行应为世人之范"。学是指每位老师应具有的学问、知识和技能，学为人师，就是要使"学"能成为后学的师表。行是指每位老师应具有的品行，行为世范，就是在方方面面、时时刻刻都要光明正大、表里如一、知行合一，能够成为模范。教师的一言一行直接影响着学生，甚至能影响到学生的一生。教养或是一种由里及外的善良，与财富、学历无关。

德国哲学家黑格尔有一句名言："教师是孩子们心目中最完美的偶像。"教师要通过自己的衣着、语言以及行为举止反映自己道德的修为，以良好的教养、正确的审美情趣，起到为人师表的作用。教师在教育教学过程中，一要言传身教，在传授知识的同时注重培养学生完善的人格；二要采用恰当的方法对学生言传身教；三要有效地解决学生的困惑，解惑的最终目的是培养学生独立的人格并提升素质和能力；四要做到尊重学生，师生在人格上是平等的，师生不能"相见不相识"，老师要做到温文尔雅、周到细致、坦诚相见、举止得体。桃李不言，下自成蹊。

二是为师之本，要有自我修养。

修养是指人的综合素质，包括学术修养和道德修养。"问渠那得清如许？为有源头活水来。"做学问是教学的"源头活水"，如果没有学问和科研的支撑，课堂教学就会失去"灵魂"。做学问和当老师是相辅相成、相得益彰的，一个教育家必然是一个学问家。

师德师风是评价教师队伍素质的第一标准。加强师德师风建设，要坚持"四个相统一"：坚持教书和育人相统一，坚持言传和身教相统一，坚持潜心问道和关注社会相统一，坚持学术自由和学术规范相统一。

在日常生活中，教师只有把遵守师德规范变成自己必须恪守的信念，才能有为人师表的自觉行动。孔子说过："其身正，不令而行；其身不正，虽令而不从。"

具备良好师德修养的教师，对学生来说就是"一本优秀的教科书"。而良好的师德修养对教师自身的教学水平、创造能力等业务素质的提升更是一个强大而持久的动力，正是这种动力激励着教师不断地提升自己的能力。

三是立德树人，要有坚定信仰。

信仰是对某种思想和宗教的信奉和敬仰。信仰带有理智的主观和情感体验色彩。信仰能让人充满力量。习近平总书记强调"人民有信仰，国家有力量，民族有希望"，要求"要把立德树人的成效作为检验学校一切工作的根本标准"，指出"青年兴则国家兴，青年强则国家强"。祖国把未来交给了我们，为党育人、为国育才，责任重大、使命光荣。

《礼记》说："师者也，教之以事而喻诸德也。"这就要求我们在教学工作中，全面贯彻党的教育方针，切实做到寓思想政治教育于教育教学全过程，决不能只管教而不管导。

一个只埋头教书的教师，充其量只是一个教书匠，只有既教书又育人的老师，才是一个好老师。

老师们、同学们、朋友们，新时代，教育要有新气象；新时代，教师要有新作为。我们要始终坚持以习近平新时代中国特色社会主义思想为指导，牢牢把握新时代教师队伍建设的时代使命，紧紧围绕新时代教育发展"凝聚人心、完善人格、开发人力、培育人才、造福人民"的工作目标，全面落实立德树人的根本任务，努力造就堪当民族复兴大任的大国良师，培养德智体美劳全面发展的社会主义建设者和接班人，办好人民满意的教育。为实现"两个一百年"的奋斗目标、实现中华民族伟大复兴的中国梦而不懈奋斗！

今天我就和大家交流到这里，谢谢！

第二讲完整视频

第三讲

青春担当之美

（2021 年 7 月 22 日）

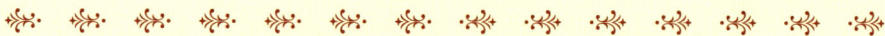

◆ 主讲人 ◆

丁 毅

共青团贵州省委副书记、省少先队工作委员会主任
（现任贵州省黔南布依族苗族自治州
人民政府党组成员、副州长）

杜富佳

贵州省湄潭县人民医院团委副书记、护师
抄乐镇沙塘村驻村第一书记

青春之美，美在信仰。青春之美，美在担当。青春之美，美在奋斗。青春之美，美在品德。

同人民一起奋斗，青春才能亮丽；同人民一起前进，青春才能昂扬；同人民一起梦想，青春才能无悔。

百年青春心向党，矢志建功新时代。站在新的历史起点，青年要以奋斗诠释青春之美，以青春培育青春，用青春浇筑新征程。

　　老师们、同学们、朋友们，大家好！我是贵州广播电视台的节目主持人赖卓，欢迎大家来到贵州教育大讲堂。

　　青年兴则国家兴，青年强则国家强！7 月 1 日，习近平总书记在庆祝中国共产党成立 100 周年大会上发表重要讲话，强调"未来属于青年，希望寄予青年"，指出"一代代中国青年把青春奋斗融入党和人民事业，成为实现中华民族伟大复兴的先锋力量"，殷切寄语广大青年以实现中华民族伟大复兴为己任，增强做中国人的志气、骨气、底气，不负时代，不负韶华，不负党和人民的期望！今年初，党中央下发了《中共中央关于全面加强新时代少先队工作的意见》，也充分体现了以习近平同志为核心的党中央站在红色江山后继有人的战略高度，对少年儿童和少先队事业的关心和重视。

　　青年学生是青少年的主体，青少年是社会主义事业的建设者和接班人，是民族的希望、国家的未来，全社会都要关心关爱青少年的成长、成才。那么，我们的青少年工作者对于如何为党育人有哪些思考和体会呢？

　　接下来，让我们用热情的掌声有请共青团贵州省委副书记、省少工委主任丁毅同志以及全国抗击新冠肺炎疫情先进个人、湄潭县少先队校外总辅导员杜富佳同志开讲。

新时代美的青春，是请党放心、强国有我的坚定信仰，是团结起来、振兴中华的坚定目标，是接过火炬、努力奔跑的坚定意志，是勠力同心、追梦圆梦的坚定追求。

——丁毅

共青团贵州省委副书记、省少工委主任丁毅，长期从事青少年思想政治教育工作和相关理论研究，作为党的助手和后备军的一名团干部，高举团旗跟党走，曾获"全省优秀共产党员"表彰。他深知团干部来自青年、力量在青年，要深深植根青年、充分依靠青年、一切为了青年，带着对党的忠诚、对事业的热爱，致力于当好青少年的知心人、贴心人、引路人，努力做信念坚、政治强、本领高、作风硬的党的青少年工作者。接下来，让我们听听他的精彩分享。

老师们、同学们、青少年朋友们，大家好！作为一名党的青少年工作者，非常高兴也十分荣幸受邀参加"贵州教育大讲堂"与大家进行交流。团教一家，为党育人。共青团作为党的助手和后备军，与教育部门一样，根本任务都是培养社会主义建设者和接班人，都必须聚焦"培养什么人、怎样培养人、为谁培养人"这个根本问题。今天，我将从"投身强国伟业 绽放美丽青春"的角度，给大家汇报一下个人的一些学习体会。

今年，我们迎来了党的百年华诞。7月1日，党中央隆重举行庆祝大会，习近平总书记出席会议并发表重要讲话。习近平总书记在讲话中充分肯定了青年在百年伟大征程中发挥的先锋的作用，强调"未来属于青年，希望寄予青年"。殷切寄语广大青年以实现中华民族伟大复兴为己任，增强做中国人的志气、骨气、底气。习近平总书记的重要讲话，为我们奋进新时代、走好新征程进一步指明了前进方向。

我们也看到，在党的百年华诞系列庆祝活动中，青少年

国旗护卫队护旗前行

频繁亮相。比如，迎接"七一勋章"功勋楷模并为他们献花，在《伟大征程》文艺演出中单列方阵参与表演，特别是庆祝大会专门安排的共青团员、少先队员献词环节，"请党放心，强国有我"的铿锵誓言，更是代表了百年大党的血脉赓续，象征着壮丽事业的薪火相传，点燃了复兴路上的青春之光，是新时代青少年的无上荣光，充分体现了我们党对青少年寄予的厚望，具有深远政治考量、重大政治寓意、特殊政治关怀。

我们党历来高度重视青少年特别是学生的政治培养和思想教育。毛主席在接见留苏学生时说："世界是你们的，也是我们的，但是归根结底是你们的。你们青年人朝气蓬勃，正在兴旺时期，好像早晨八九点钟的太阳。希望寄托在你们身上。"邓小平同志在中国共产党第八次全国代表大会上指出："青年——是我们的未来，我们的一切事业的继承者。"江泽民同志在庆祝中国共产党成立 80 周年大会上指出："全国各族青年，代表着我们祖国和民族的未来，代表着我们事业兴旺发达的希望。"胡锦涛同志在纪念中国共产主义青年团成立 90 周年大会上指出："实践充分表明，广大青年确实是我国社会最积极、最活跃、最有生气的一支力量，确实是值得信赖、堪当重任、大有希望的！"

党的十八大以来，以习近平同志为核心的党中央高度重视、关心关怀青少年，每年"五四""六一"，总把时间留给青少年，多次接见、寄语、回信，饱含深切关怀与殷殷期望。习近平总书记还特别关心贵州，十分关爱贵州青年，2011 年 5 月到贵州大学、2014 年 9 月在北京师范大学"国培计划"班上、2015 年 6 月到贵州机械工业学校、2017 年 10 月党的十九大期间参加贵州代表团审议、今年 2 月到贵州视察等，习近平总书记都亲切勉励贵州青年，体现了对青年工作的高度重视，对青年一代的关心关怀。

（中共贵州）省委始终坚持党管青年原则，十分关心青少年。省委书记谌贻琴同志今年 5 月 8 日、5 月 31 日先后出席全省共青团主题团日示范活动、全省少先队主题队日示范活动，寄语广大青少年"仰望星空立大志，止于至善明大德，博学笃行成大才，脚踏实地担大任"，勉励孩子们始终听党话、感党恩、跟党走，做志向远大的好少年、勤奋学习的好学生、品德优良的好孩子、身心健康的好儿童，为全省青少年送上了"五四"青年节、"六一"儿童节最好的礼物，让我们倍感振奋、备受鼓舞。7 月 2 日，在贵州省庆祝中国共产党成立 100 周年大会上的讲话中，谌贻琴书记再次强调要关心和爱护青年，引领全省广大青年以实现中华民族伟大复兴为己任，勇做走在时代前列的奋进者、开拓者、奉献者。

老师们、同学们，殷殷嘱托激扬理想风帆，切切关怀指引人生航向。

与国旗合影

希望广大青少年牢记嘱托、感恩奋进，不负美丽青春、不负美好时代。下面，我从感悟青春之美、发掘青春之美、彰显青春之美三个方面与大家进行交流。

第一，在宏伟历史中感悟青春之美。

历史是最好的教科书。回望我们党、国家和民族走过的历史，那些辉煌灿烂的成就、生生不息的拼搏、苦难绝境中的奋起，总能激发我们无比的自豪和自信，给予我们宝贵智慧和强大力量。

感悟恢弘史诗的青春之美。一百年前的中华民族内忧外患，山河破碎，生灵涂炭，人民生活在黑暗中，苦不堪言。在中华民族最危难的时刻，是嘉兴湖畔的一叶红船，给迷茫的中国带来了希望。"天下者，我们的天下；国家者，我们的国家；社会者，我们的社会。"青年毛泽东激扬文字，挥斥方遒，发出中国青年的最强音。那时的他，以及许许多多的青年，进行的一切奋斗、一切牺牲、一切创造，都是为了朝着中华民族伟大复兴的宏伟目标奋勇前进，开辟了伟大道路、创造了伟大事业，与全国各族人民一道从苦难走向了辉煌，从挫折走向了胜利。

新时代的贵州青少年，要善于在历史中寻找青春答案、读懂青春气质，把个人发展和国家、民族的前途结合起来，坚决听党话，永远跟党走，胸怀忧国忧民之心、爱国爱民之情，努力做中国特色社会主义事业的合格建设者和可靠接班人。

感悟先锋人物的青春之美。榜样是最强大的力量。在中国革命建设的惊涛骇浪中，一代代贵州青年始终把自己的理想融入国家和民族命运之中。老一辈革命家邓恩铭同志以"读书济世闻鸡舞，革命决心放胆尝"的决心，用生命进行革命斗争。王若飞同志以"死里逃生唯斗争，铁窗难锁钢铁心"的坚定信念，为党和国家的革命事业作出了卓越贡献。旷继勋、周逸群、林青、龙大道等革命先烈，南仁东、欧阳自远等时代巨匠，把青春交给了中华民族复兴的伟大事业。

新时代的贵州青少年，要善于从先锋人物的伟大精神中赓续精神血脉、汲取奋进力量，用英雄精神照亮逐梦新征程上的美好未来。

感悟伟大时代的青春之美。刚才与大家交流了青少年在党的百年华诞中参与了系列活动，在 2019 年庆祝新中国成立 70 周年系列活动中，青少年代表组成的"祖国万岁"群众游行方阵压轴通过天安门广场，少先队员代表在联欢活动《歌唱祖国》表演中缓缓走过金水桥首先开嗓。这一系列重大活动的青春画面令人记忆犹新，充分体现了我们党让红色基因、革命薪火代代传承的坚定意志。作为平视世界、复兴强国的一代，当代青少年既是实现第一个百年奋斗目标的经历者、见证者，生于盛世，何其有幸；更是实现第二个百年奋斗目标、建设社会主义现代化强国的生力军，强国一代，势不可挡。

新时代的贵州青少年，要善于在时代中找准青春定位、展现青春担当，以强国一代昂扬向上的姿态、奋发有为的状态投身民族复兴的伟大实践。

运动场上的学生

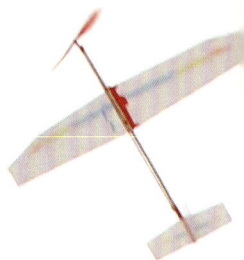

第二，在磨砺成长中发掘青春之美。

李大钊先生 27 岁时激昂写下"以青春之我，创建青春之家庭，青春之国家，青春之民族，青春之人类，青春之地球，青春之宇宙"，唤醒了无数青年，也唤醒了时代，从黑暗走向黎明、从苦难走向辉煌，从站起来、富起来到强起来。新时代美的青春，是请党放心、强国有我的坚定信仰，是团结起来、振兴中华的坚定目标，是接过火炬、努力奔跑的坚定

孩子们的飞天梦

意志，是勠力同心、追梦圆梦的坚定追求。

青春之美，美在信仰。理想信念是指引方向的灯，是校正航线的舵。梦在前方，路在脚下。"生在红旗下，长在春风里，目光所至皆为华夏，五星闪耀皆为信仰"，新时代青少年成长在党的光辉照耀下，只有持续唱响牢记嘱托、感恩奋进的主旋律，才能无愧于时代、无愧于人民。

大家都知道时代楷模黄文秀，她从小目睹了乡亲们与贫困作斗争的情形，深切感受到农村贫困人口生活的不易，深深懂得扶贫工作的重要意义和艰巨性，也点燃了她对扶贫事业的热爱和执着，坚定了战胜贫困的决心。2018年初，她主动请缨担任驻村第一书记，仅用了一年时间，带领全村脱贫88户417人，贫困发生率从22.88%降至2.71%。2019年6月16日晚，在看望肝癌晚期且刚做完第二次手术的父亲后，为了不耽误工作，黄文秀冒着暴雨连夜赶回百坭村，途中遭遇山洪，不幸牺牲，年仅

30 岁。习近平总书记对学习黄文秀同志先进事迹作出重要指示，黄文秀同志也是最年轻的"七一勋章"获得者。正因为信仰的力量，让她定格在 30 岁的青春如此美丽。

青春之美，美在担当。在迈进全面建设社会主义现代化强国的新征程上，迫切需要青年一代迎难而上、挺身而出的担当精神。

前段时间热播的建党百年献礼剧《理想照耀中国》，在《一家人》的剧目里呈现了英雄家庭的担当精神，令人热泪盈眶。排雷英雄、时代楷模杜富国的事迹早被大家熟知，在雷场上，杜富国用身体捍卫国土的安宁。他的妹妹杜富佳作为医院抗击新冠肺炎疫情青年突击队副队长驰援湖北，她和战友们与时间赛跑，同病魔较量，义无反顾，冲锋在前。作为一名少先队校外辅导员，杜富佳经常与青少年交心交流，传递正能量，近期又奔赴乡村振兴一线成为一名驻村干部，一会她也将和大家分享交流。包括杜富民"急救医生"、杜富强"戍边卫士"在内的兄妹四人，他们一家人用实际行动诠释了新时代青年的担当精神。

青春之美，美在奋斗。奋斗是青春最亮丽的底色。奋斗的道路往往荆棘丛生、充满坎坷。青年要成就一番事业，就必须不畏艰难、矢志奋斗，无论顺境逆境，都始终斗志昂扬、积极向上，坚定不移地朝着目标奋勇前进。

今年的"七一"授勋仪式中，有一个大家熟悉的身影："当代愚公"黄大发。20 世纪 60 年代起，他带领群众，挥洒 36 年的青春汗水，靠着锄头、钢钎、铁锤和双手，在绝壁上凿出一条长 9400 米的"生命渠"，结束了草王坝长期缺水的历史，乡亲们亲切地把这条渠称为"大发渠"。水渠修好后，为了兑现"带领村民致富"的诺言，黄大发又把精力放在脱贫致富上。他先后带头搞起养殖业、种植业，带领群众进行"坡改梯"，昔日的荒山、荒坡变成了良田。世上无难事，只怕有心人。黄大发老支书一生的青春是奋斗、是坚持、是奉献，用实际行动践行了新时期愚公移山精神。

青春之美，美在品德。 大德不明，百弊丛生。讲大德、明公德，才能有定力、站得稳，才能靠得住、行得远。新时代青少年只有把正确的道德认知、自觉的道德养成、积极的道德实践紧密结合起来，倡导新风正气、履行社会责任，才能在人生道路上走得更正、走得更远。

"海嘎一天不脱贫，我就一天不下山"，这是共青团贵州省委兼职副书记、党的十九大代表、全国优秀共产党员、中国青年五四奖章获得者杨波的誓言。为了这句誓言，他在海嘎村一扎就是 11 年。没有路、没有网，高海拔、饮水难，在艰苦的驻村条件下，他立誓要让海嘎成为真正的"贵州高度"。他苦干实干，带领全村 1325 名贫困人口全部脱贫，用 11 年的青春岁月见证了海嘎村"旧貌换新颜"，向百姓交出一份满意的答卷。

第三，在接续奋斗中彰显青春之美。

习近平总书记强调，新时代中国青年要继承和发扬五四精神，坚定理想信念，站稳人民立场，练就过硬本领，投身强国伟业，始终保持艰苦奋斗的前进姿态，同亿万人民一道，在实现中华民族伟大复兴中国梦的新长征路上奋勇搏击。习近平总书记的殷切嘱托，就是广大青少年彰显青春之美的根本遵循。

彰显青春之美，必须坚定理想信念。 习近平新时代中国特色社会主义思想是引领青年人生航向的指明灯和定盘星。希望大家学思践悟当代中国马克思主义，树立对马克思主义的信仰、对中国特色社会主义的信念、对中华民族伟大复兴中国梦的信心，建立在对科学理论的理性认同上，建立在对历史规律的正确认识上，建立在对基本国情的准确把握上，将学习成果体现在对领导核心的感恩爱戴上、体现在对家乡事业的不懈奋斗上，践行社会主义核心价值观，扣好人生的第一粒扣子，让青春之美绽放信仰之光。

彰显青春之美，必须站稳人民立场。习近平总书记强调，同人民一道拼搏、同祖国一道前进，服务人民、奉献祖国，是当代中国青年的正确方向。实现第二个百年奋斗目标，广大青年是生力军和突击队。近代以来，广大青年不懈追求的美好梦想，始终与振兴中华的历史进程紧密相连。历史和实践启示我们：同人民一起奋斗，青春才能亮丽；同人民一起前进，青春才能昂扬；同人民一起梦想，青春才能无悔。中华民族正在走向伟大复兴，广大青年要有所作为，就必须投身人民的伟大奋斗。希望大家珍惜这个时代，担负时代使命，厚植家国情怀，让青春之美绽放情怀之光。

彰显青春之美，必须练就过硬本领。宝剑锋从磨砺出，梅花香自苦寒来。生活从不眷顾因循守旧、满足现状者，从不等待不思进取、坐享其成者，而是将更多机遇留给善于和勇于创新的人。只有进行了激情奋斗的青春，只有进行了顽强拼搏的青春，才会留下充实、温暖、持久、无悔的青春回忆。习近平总书记在不同场合多次谈到他青年时期在陕北的经历。他说："当年，我在梁家河插队，实际上就是在上社会大学，向群众学习，向实践学习，那段经历让我受益匪浅。"事实表明，青年时代，

朝气蓬勃的少年

选择吃苦也就选择了收获，选择奉献也就选择了高尚。青年时期多经历一点摔打、挫折、考验，有利于走好一生的路。希望青少年朋友们不怕困难、攻坚克难，勇于到条件艰苦的基层、国家建设的一线、项目攻关的前沿，经受锻炼，增长才干，让青春之花绽放在祖国和人民最需要的地方，让青春之美绽放自信之光。

彰显青春之美，必须投身强国伟业。 从开天辟地、改天换地、翻天覆地到惊天动地，我们距离民族复兴的目标从来没有像今天这样接近。在党的坚强领导下，贵州实现了赶超跨越的巨大转变，告别了绝对贫困、贴上了靓丽标签，被习近平总书记赞誉为党的十八大以来党和国家事业大踏步前进的缩影。贵州迎来了新的历史发展机遇，也给青年人生出彩提供了更为广阔的舞台。希望大家珍惜韶华、担负使命，大力弘扬和践行新时代贵州精神，始终保持奋发有为的毅力、奔腾不息的活力和勇于挑战的魄力，勇做走在时代前列的奋进者、开拓者、奉献者，在攻坚克难中创造新的业绩，创造美好生活，让青春之美绽放奋斗之光。

老师们、同学们、青少年朋友们，明确方位才能找准方向，把握大势才能赢得未来。在党的坚强领导下，我们昂首迈进了建设社会主义现代化强国的新征程。在追梦圆梦的征程上，共青团将尽心尽力为青少年成长成才搭平台、建舞台，当好大家的成长引路人、青春同路人。全省各级团组织要聚焦主责主业，牢牢把握根本任务、工作主线、政治责任，加强与教育部门的沟通，积极争取支持，强化资源统筹，推动团教密切协作、工作深度融合，共同服务保障好全省以共青团员、少先队员为主的青少年学生成长成才。

百年风华正茂，少年意气风发。新时代的大幕已经拉开，新征程的号角已经吹响。请党放心，强国有我。让我们在以习近平同志为核心的党中央的坚强领导下，坚持以习近平新时代中国特色社会主义思想为指导，以实现中华民族伟大复兴为己任，不辱时代使命，不负人民期望，至善至美、追求完美，让青春之美在为祖国、为人民、为民族、为贵州的奉献中焕发出绚丽光彩！

谢谢大家！

青年，是时代的面孔。未来，属于新青年。

——杜富佳

杜富佳，排雷英雄、时代楷模杜富国的妹妹，湄潭县人民医院护士、抄乐镇沙塘村驻村第一书记；全国少工委委员、全国"红领巾"巡讲团成员、湄潭县少先队校外总辅导员，曾获2020年全国向上向善好青年、全国抗击新冠肺炎疫情先进个人、第六批全国岗位学雷锋标兵等荣誉称号。她的青春是怎样的？她的青春又是因何而美？让我们听听她的分享。

同学们、老师们、朋友们，大家好！我是杜富佳，很荣幸有机会与大家进行学习交流。

岁在辛丑，时维七月，正值中国共产党百年华诞。回望百年峥嵘岁月，砥砺前行，铸就了如今的繁荣昌盛、欣欣向荣。

百年前的中国，地裂权分，民不聊生。一群平均年龄 28 岁的青年人，发出时代之问："到底什么能救中国？"他们在风雨如晦的中国苦苦探寻民族复兴的前途，拉开了开天辟地的序幕；又经过 28 年艰苦卓绝的斗争，1949 年，新中国终于屹立在世界的东方。

两个 28 年，开启革命的是一群青年，艰苦奋斗耗费的是 28 年青春，一个历经百年风云的大党，是用一腔青春热血浇筑起来的。

去时少年身，归来甲子魂。冷剑落龙华，热血绽桃花。

从上海的石库门，到嘉兴南湖的一叶红船，从长征的漫漫征途，到抗日战争、解放战争的炮火硝烟，神州各地遍植革命理想。

长征路上，红军普通士兵年龄不到 20 岁，指挥员的平均年龄也只有 25 岁。新长征路上，航天报国的嫦娥团队、神舟团队平均年龄是 33 岁，北斗团队平均年龄为 35 岁，"中国天眼"调试团队平均年龄 35 岁……

一代代青年人的初心和使命，为"中国号"巨轮注入了源源不竭的动力，这其中离我最近的，是我的哥哥。

2018 年 10 月 11 日，这个日子，对于哥哥，对于我们这个家，都永远无法忘记。这天下午，家里接到了哥哥所在的部队打来的电话，告诉我们哥哥出事了。父亲赶紧带着全家人连夜出发，赶往云南开远。第二天凌晨 4 点，我们站在医院门口，载着哥哥杜富国的急救车呼啸而来。看到担架上的哥哥浑身血迹、面目全非、生死不明，我感到天都要塌了，一下子哭着扑了过去。父亲拖着发软的腿把哭成泪人的我拉到一边，对扫雷大队领导艰难地说出了第一句话："首长，请告诉我孩子的真实情况吧，我能挺得住。"没等到回音，他又说："我也是一名党员。有战斗就会有流血牺牲，我们能理解。"在场的人无不为之动容。

我真的无法想象，躺在担架上的"血人"竟是我高大帅气的哥哥。后来，我们才知道，在当天的扫雷工作中，手榴弹突然爆炸，哥哥用身体保护了战友，而自己却失去了双手双眼。哥哥 18 岁参军入伍，成为一名边防战士。作为年轻的 90 后士兵，他 1000 多次进出生死雷场，排除 2400 多枚爆炸物，处置各类险情 20 多起，战友们都称他为"全能雷神"。其实，在我心中，哥哥是一名"全能战神"，因为什么样的苦、什么样的痛他都能战胜。负伤之后，哥哥凭借超乎常人的毅力，恢复着遭受重创的身体。失去双手和双眼，也意味着他没有了触摸、感知这个世界的能力，甚至失去了身体的平衡。不要说日常的生活起居无法完成，就连走路都变得艰难。那段时间，哥哥就用他的残肢去触摸病房里的一切，去感知这个世界。为了能自己打开病房的门，哥哥就用残肢去开病房门的把手，练习了不知多少遍，甚至连残肢都已经磨破了，他也始终没有放弃。我能感受到哥哥身体的痛和心里的痛，但是在我们所有人面前，哥哥却总是微笑，总是坚强。

红军战士当年明知冲上去可能回不来，但他们没有退缩。哥哥明知排雷有危险还是冲在最前面，他说那是他的职责。他身上迸发出来的榜样力量，也时刻鼓舞和激励着成长中的我和两个弟弟。

大疫当前，支援武汉，又何尝不是我的职责。我两次递交请战书，跟随贵州省第八批援鄂医疗队驰援湖北，坚守在武汉大学人民医院东院危重病区救治一线。每当看到患者康复出院，就是我最感动、最开心的时候。虽然防护服下早已汗流浃背，医护口罩带来强烈窒息感，护目镜也在脸上压出了深深压痕，但那一刻，所有的付出都值得。

习近平总书记说："只要青年都勇挑重担、勇克难关、勇斗风险，中国特色社会主义就能充满活力、充满后劲、充满希望。"这是我们青年一代必须要担负的时代责任。面对来势汹汹的疫情，也许我们都害怕过、惶恐过，但作为青年医务工作者，我们不能退缩，因为这是对广大人民群众负责，也是对历史负责。每当我推开隔离区的缓冲门时，就仿佛踏进了另外一个世界。那扇门就像是一扇生命之门，门的对面就是我们的战场。

一百年来，无数青春志士前赴后继。新时代、新征程、新使命，呼唤更多新锐力量加入火热的事业中。

青年，是时代的面孔。未来，属于新青年。

从雪域高原到天山南北，从祖国北疆到西南边陲，从田间地头到高楼大厦，从三尺讲台到科研一线，今日之中国青年将个人成长成才与国家前途命运紧密结合，以满腔赤诚追求理想，以开拓进取定义青春。

"只要还有一口气，我就要站在讲台上，倾尽全力、奉献所有，九死亦无悔！"这是张桂梅老师在"七一勋章"颁授仪式上的发言。她燃烧了自己的青春，为几千个女孩子铺路，把自己的生命注入了其他女孩子的生命里。张桂梅老师培育了一批又一批大山里的女孩，一代又一代人，日复一日，年复一年，待到山花烂漫时，她在丛中笑。

幼儿园孩子们进行才艺展示

与少先队员进行交流

当看到张桂梅老师手上贴满膏药时，我不禁热泪盈眶。在她的培育下，她的学生们上大学的第一件事情就是申请入党，争取成为一名光荣的共产党员。她在学生心中深埋一颗颗红色的种子，帮她们系好人生第一粒扣子，引着她们做共产主义事业的接班人。她用实际行动，为少先队工作和少先队辅导员指明了方向。

我作为一名少先队辅导员，很荣幸为培育祖国花朵出一份力。少年儿童是共产主义事业的接班人，这是红色基因的传承，红色血脉的延续。过去，你们洒尽青春热血，拼尽全力去创造；未来，由我们燃烧青春，全力以赴守护和传承。

心中有信仰，脚下有力量。作为党的少年儿童思想政治工作者，作为少先队员亲密的朋友和指导者，少先队辅导员要加强政治理论学习，坚定理想信念，践行为人民服务的宗旨，心中时刻装着队员，想他们所想，急他们所急，解他们所难，用真情感染队员，用真理感召队员。越是伟大的事业越是充满挑战，越需要知重负重，越需要我们少先队辅导员坚定理想信念，坚定奋斗意志，坚定恒心韧劲，平常时候看得出来，关键时刻站得出来，危难关头豁得出来。只有做为学、为人的表率，拥有人格的力量，才能真正赢得队员的信任和尊重，让队员感受到党的温暖和信仰的力量，让"感党恩、听党话、跟党走"成为队员的自觉追求。

百年青春心向党，矢志建功新时代。站在新的历史起点，青年要以奋斗诠释青春之美，以青春培育青春，用青春浇筑新征程。

只争朝夕，不负韶华！

永葆青春，挺立潮头！

谢谢大家！

第 四 讲

规划设计之美

（2021 年 8 月 12 日）

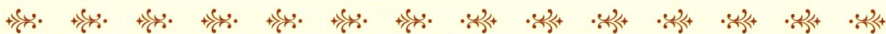

◆ 主讲人 ◆

赵 普

贵州财经大学校长

基础教育的规划之美

——致力于满足人民群众对更好教育的新期盼。

职业教育的规划之美

——致力于实现从职教脱贫向共同富裕的历史性跨越。

高等教育的规划之美

——致力于彰显贵州高校服务经济社会发展的使命担当。

老师们、同学们、朋友们，大家好！我是贵州广播电视台的主持人赖卓。欢迎大家来到"贵州教育大讲堂"。

2021 年注定是不平凡的一年。作为"十四五"的开局之年，建党 100 周年，全面建成小康社会、全面建设社会主义现代化国家的新征程开启之年，我们可以预见，我省的教育行业的发展在这开局之年同样面临着重大的变化，也将会孕育更多新的变革。早准备、早安排、早谋划、早布局，我们教育事业发展的"十四五"就这样应运而生。

在第一讲中，贵州省教育厅邹联克厅长向我们阐述了"美的教育，才是人民满意的教育"。今天，我们的主讲嘉宾将以"规划设计之美"为主题来谈一谈，我们的"十四五"规划该如何筹划、绘就美好蓝图，办好人民满意的教育。

接下来我们有请贵州财经大学校长赵普为我们带来精彩的讲述。

"十四五"的宏伟蓝图已经徐徐展开，贵州省"十四五"教育发展的美好愿景就在眼前！这份承载着"美的教育"的美好愿景让我们倍感振奋，激情满怀！每一位贵州教育人都在为之努力，为之奋斗！

——赵　普

❈·❈·❈·❈·❈·❈·❈·❈ ◆ ❈·❈·❈·❈·❈·❈·❈·❈

❈·❈·❈·❈·❈·❈·❈·❈ ◆ ❈·❈·❈·❈·❈·❈·❈·❈

　　贵州财经大学校长赵普，在贵州高等教育这片沃土上辛勤耕耘24载，从普通教师到教研室主任，从中层干部到学校校长，始终秉持学生立场、坚守人文情怀，致力于把学校变成学生的心灵栖所，把阳光播撒在学生心间。今天，赵普校长将为大家分享他心目中的"美的教育"——以规划设计之美开拓贵州"美的教育"新境界。

老师们、同学们、朋友们，大家好！很高兴能到贵州教育大讲堂来，今天我主要讲两个问题。

第一个问题是：贵州教育的"十四五"美好愿景是什么？

大家应该对这个问题都充满了期待。"十三五"时期，我省教育发展的主要任务如期完成，实现了教育脱贫攻坚成色、教育普及水平、教育支撑能力、教育发展活力和教育开放水平"五个大幅提升"，为"十四五"教育改革发展奠定了坚实基础。

"十四五"期间，贵州省教育发展的总体目标是：到2025年，教育现代化进程力争走在西部前列，教育总体实力显著增强，国内综合排名显著提升，劳动年龄人口平均受教育年限明显增加，教育现代化取得重要进展，建设高质量教育体系。具体目标是：教育普及程度达到全国平均水平；基本公共教育服务实现均等化；教育服务地方发展能力明显增强；优质教育供给显著增加；素质教育深入实施；教育治理体系规范高效；教育信息化水平显著提升；教育国际化发展稳步推进。总体目标和具体目标为我们描绘了贵州省"十四五"教育发展的美好愿景。这个美好愿景坚持贯彻"以人民为中心"的发展理念，顺应了人民群众对更高质量、更加公平、更具个性的新时代教育的新期盼，彰显了教育的情怀和初心，是一个充分体现"美的教育"的美好愿景。

第二个问题是：规划设计是如何为实现这个美好愿景提供制度保障的？

我们认为，是通过"十四五"教育事业发展的"规划设计之美"来开拓贵州"美的教育"新境界的。也就是说，"十四五"教育事业发展规划设计，要把"坚持以人民为中心""坚守教育情怀"和"回归教育初心"这三个关键词贯穿始终。贯彻了这三个关键词，"十四五"教育事业发展规划就为实现贵州"美的教育"奠定了制度基础。下面，我结合参与贵州省"十四五"教育事业发展规划前期研究的情况，以点带面地谈一谈自己的理解。

第一，基础教育的规划之美——致力于满足人民群众对更好教育的新期盼。

观众朋友中有不少家长，尤其是适龄儿童的家长，大家一定都非常关注入学的问题。相信大家都有"入园难、入公办园更难"的担忧和"上好学、就近上好学"的渴望。这里，我以幼儿园为例，给大家讲一组数据。

截至 2020 年底，我省共有幼儿园 11017 所，在园幼儿 158.85 万人，专任教师 9.41 万人；学前三年毛入学率从 2015 年的 80% 提高到

了 2020 年的 90.3%，但是"入园难"的问题依然存在。同样的，"上好学、就近上好学"也依然是令许多中小学家长焦心、苦恼的事情。面对广大家长希望自己的孩子顺利入园或者上一个好学校的美好心愿，应该怎么办呢？

"十四五"时期，省里高度重视人民群众对优质教育的强烈需求和优质教育资源供给严重不足的矛盾，从规划设计的层面着力构建优质均衡的基本公共教育服务体系。什么叫"优质均衡"呢？以解决"入园难、入公办园更难"的问题为例，《规划》❶ 明确提出实施学前教育普惠提质行动计划，科学规划幼儿园布局，继续加大公办幼儿园建设力度。具体来说，就是要严格小区配套幼儿园建设管理，确保配套幼儿园与首期建设的居民住宅区同步规划、同步设计、同步建设、同步验收、同步交付使用。建成后的配套幼儿园在达到办园标准和办园条件后，移交给当地教育行政部门。同时，引导社会力量举办普惠性幼儿园，完善普惠性民办幼儿园，认定补助实施办法，不断提升普惠性民办幼儿园在民办幼儿园中的占比。通过这样的规划设计，一方面新建和改扩建 2000 所左右的公办幼儿园，确保到 2025 年，公办幼儿园在园幼儿数占比不低于 60%，普惠性幼儿园覆盖率达到 84%；另一方面，把学前教育毛入学率提高到 94%。相信这些目标实现后，"入园难、入公办园更难"的问题将会成为历史，广大幼儿家长对优质幼儿教育的强烈需求将会得到较好的满足。以此类推，要解决好"上好学、就近上好学"的问题，也需要从制度层面做好义务教育优质均衡发展、普通高中优质特色发展以及办好民族教育、特殊教育和专

---

❶ 此处指的是《贵州省国民经济和社会发展第十四个五年规划和 2035 年远景目标纲要》。

学生汽车机电实训现场

门教育的规划设计，充分彰显"基础教育的规划之美"，致力于满足人民群众对更好教育的新期待。

第二，职业教育的规划之美——致力于实现从职教脱贫向共同富裕的历史性跨越。

观众朋友们应该都记得，2015 年 6 月 17 日，习近平总书记在贵州视察期间，专门考察了清镇职教城，肯定了清镇职教城重点招收贫困学生入学，通过技术培训等方式支持农村脱贫的实践。习近平总书记还亲切看望了部分实习学生，鼓励他们立志追求"人无我有、人有我优、技高一筹"的境界，学到真本领，用勤劳和智慧创造美好人生。6 年过去了，今天，我们可以自豪地说，贵州职业教育没有辜负习近平总书记的殷切期望。"十三五"期间，贵州职业教育通过后发赶超，在职教脱贫的征途上取得了可圈可点的成绩。例如，2018年全省职业院校面向省内贫困地区的精准脱贫班招生1万余人，面向14个深度贫困县和20个极贫乡镇的全免费精准脱贫班招生7378人；2018年至2020年持续实施三年免费中职教育，每年有近30万毕业生就业，带动了家庭脱贫。毕业于贵州农业职业学院的余贵龙在接受采访时说："现在，我每月保底工资有6000元，跟在沿海地区打工的收入差不多。职业教育让我获得了一份好工作，更重要的是我还能就近照顾家里。感谢政府的帮扶，让我们家成功脱贫。"像余贵龙这样通过职教脱贫的学生绝非少数。我们由衷地为余贵龙和像余贵龙这样通过职教脱贫的学生们感到高兴。那么，在贵州已经按时高质量打赢脱贫攻坚战的背景下，贵州职业教育的时代使命是什么呢？我们认为，是通过构建支撑技能社会建设的现代职业技术教育体系，帮助广大职教生实现从职教脱贫向共同富裕的历史性跨越，让他们"用勤劳和智慧创造美好人生"。如何构建支撑技能社会建设的现代职业技术教育体系？从规划的角度来讲，就是要实施职业教育兴黔富民行动计划，建设职业教育扩容提质、创新发展高地，提升技术技能人才的培养质量，促进产教融合、校企合作。这些规划都指向一个目标，就是要培养优秀技能人才、能工巧匠甚至是大国工匠，最终实现"人人职教、个个就业、家家致富"，走向共同富裕的康庄大道。这样的规划设计可以说是对"坚持以人民为中心"最本质、最生动的诠释。

第三，高等教育的规划之美——致力于彰显贵州高校服务经济社会发展的使命担当。

高等教育在整个教育体系中具有举足轻重的战略意义，尤其是在今

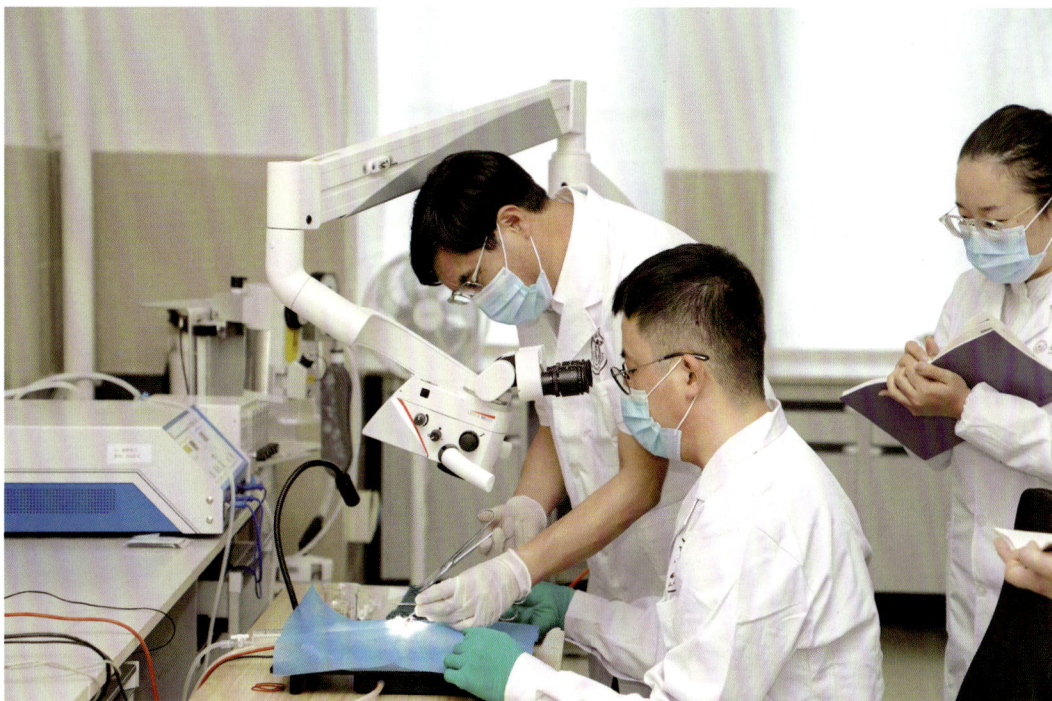

梁贵友老师指导学生进行科研

天，人才越来越成为推动经济社会发展的战略性资源，党和国家教育事业发展对高等教育的需要也就比以往任何时候都更加迫切，对科学知识和卓越人才的渴求也就比以往任何时候都更加强烈。在此背景下，贵州高校积极推进"双一流"建设，在服务经济社会发展的时代洪流中展现使命担当，写好大地论文，形成了一些标志性成果。比如，贵州大学的宋宝安院士，长期从事新农药创制与有害生物控制研究，他所领导的团队荣获国家专业技术先进集体和国家创新人才培养示范基地，带动贵州大学化学学科成为 ESI 全球前 1% 学科，植物保护学科入选世界一流建设学科。又如，贵州师范大学的周忠发教授，长期致力于中国南方喀斯特地区生态

郭信东老师开展常规分析仪器培训

环境与 GIS 领域研究，在喀斯特山区遥感大数据应用等领域取得了重大成果。再如，我们贵州财经大学，抢抓大数据发展机遇，争取到国家统计局与贵州省人民政府共办的大数据统计学院落户贵州财经大学，近年来承担了"现代供应链统计监测研究""大数据产业核算体系研究——以贵州为例""我国制造产业链韧性的统计测度研究"等国家统计局重大统计专项、全国统计科学研究项目和"贵州省产业招商综合成效测评""贵州省特色林业及林下经济产业统计指标体系建设研究"等政府采购项目，等等。今年春节前夕，习近平总书记视察贵州时强调，贵州要在新时代西部大开发上闯新路，在乡村振兴上开新局，在实施数字经济战略上抢新机，在生态文明建设上出新绩。贵州高校"十四五"期间应如何进一步彰显服务经济社会发展的使命担当？我们认为，就是要立足新发展阶段、贯彻新发展理念，助力全省围绕"四新"主攻"四化"，构建开放多元的高等教育创新人才培养体系，培养大批符合社会需要、服务经济社会发展的优秀人才。从规划设计上来说，就是要加快"双一流"建设，做强贵州大学，做大省属高校，做特市州高校；坚持"以本为本"，推进一流专业建设，优化专业结构布局，建设一流本科教育；加强研究生教育创新，提升研究生教育水平，扩大研究生教育规模，推动贵州高校实现高质量发展，为开创百姓富、生态美的多彩贵州新未来提供源源不断的人才支撑和智力支持。

"十四五"的宏伟蓝图已经徐徐展开，贵州省"十四五"教育发展的美好愿景就在眼前！这份承载着"美的教育"的美好愿景让我们倍感振奋，激情满怀！每一位贵州教育人都在为之努力，为之奋斗！希望大家都来关心规划、重视规划和实施规划，让规划及其实施更好地为实现"十四五"时期贵州"美的教育"提供制度保障，在美美与共中办好人民满意的教育，开拓贵州"美的教育"新境界！

谢谢大家！

第四讲完整视频

投身强国之美

（2021 年 8 月 29 日）

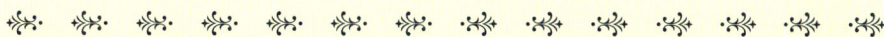

◆ 主讲人 ◆

张明华
贵州大学动物科学学院 2018 级毕业生

左 石
贵州医科大学附属医院院长

杨光复
贵州师范大学机械与电气工程学院党委副书记

何 梅
贵州省赫章县第六幼儿园教师

黄 睿
贵州省遵义市正安县第一小学学生

杜向斌
贵州省六盘水市第十九中学学生

刘秀祥
贵州省望谟县实验高中副校长

只有掌握了知识才能在大灾之前抗争和战斗，直到取得最后的胜利。

　　把初心和使命融入血液、铸入灵魂、化为行动。

视频短片　　学习"七一"讲话，凝聚奋进力量。今天，我们用"贵州教育大讲堂"这个平台来做"开学第一课"，目的就是要认真学习贯彻习近平总书记在庆祝中国共产党成立100周年大会上的重要讲话精神。特别是对青年提出殷切希望，号召新时代中国青年增强做中国人的志气、骨气、底气，为实现中华民族伟大复兴努力奋斗，推进党史学习教育走深走实，团结带领全省教育系统广大青年树牢"请党放心，强国有我"的信心决心，汇聚起办美的教育、建设特色教育强省的青春正能量。

带着砥砺奋进的豪情和壮志，我们迎来了中国共产党建党100周年。100年风雨兼程，中国人民在中国共产党的领导下，自力更生，团结拼搏，从贫穷走向富裕；100年春华秋实，我们在五星红旗的指引下，上下求索，开拓进取，从胜利走向辉煌。曾经，先辈们走过风雨如晦的岁月，在暗夜里艰难探索；现在，历史将接力棒传给了我们，我们也仍将不负众望，心有大志，知难而上，勇敢坚贞，担负起让祖国繁荣富强的荣光和使命。

今天，我们有幸邀请到了怀揣爱国之心、报国之志的7位嘉宾，他们将以"请党放心，强国有我"为主题为大家讲述他们的故事。通过不同人物、不同角度的讲述来展示贵州教育人的风采，展示全省教育系统"请党放心，强国有我"的坚定信念和不懈追求！

清晨，校园内的升旗仪式

　　第一位为我们带来演讲的嘉宾叫张明华。8年前大学一年级的张明华，在校园里因为一幅海报而走进了军营，今天他将围绕着"投笔从戎"为我们讲述他的故事。

部队是一所大学校，是一座大熔炉。你在这里能学会勇敢，学会坚强。你会有目标，你会有梦想，你会有如钢铁般的意志去面对所有的困难。

——张明华

❖❖❖❖❖❖❖❖❖❖ ◆ ❖❖❖❖❖❖❖❖❖❖

张明华，大学期间参军，退役后，他带着军营中锤炼出来的豪情和锐气，在学业上攻坚克难，在实践中他深入80多个乡镇，讲课数百小时，帮助许多农户解决了问题。

　　各位老师、同学们，大家好！我是张明华，上个月我刚从贵州大学动物科学学院硕士研究生毕业，现在在贵州省农业科学院工作。现在我从事的工作同学们可能会喜欢。我天天和蜜蜂打交道，研究它们，观察它们。对，我是一名陪伴蜜蜂的科研工作者。蜜蜂是最勤劳的昆虫，天刚亮就出门采蜜，每分钟要采15朵花，而生产1公斤蜂蜜，它们要飞行12万公里，相当于绕地球3圈！它们是地球上最勤劳的生物。

　　我有时候也希望自己就是一只蜜蜂，辛勤地劳动然后可以收获甜蜜的生活。让我和蜜蜂打上交道的缘分还要从2013年6月的一天说起。那时候我刚到大学读一年级，有一天我在校园里看到一幅海报，海报上有一句话深深地震撼了我："哪有什么岁月静好，只不过是有人替你负重前行。""我要参军入伍"这个念头在我心里生长出来，我想，我要换个角度检验我的人生。当年9月，我背上行囊，告别了亲人和同学，登上了前往福建的列车，踏上了我的军旅之路。可是到了部队，每天的任务就是走队列，做内务。每天几点起床、几点训练、

张明华参军留影

几点吃饭、几点睡觉，都有规定。

在新兵训练的三个月里，我不止一次地想：一个大学生，在部队里天天做这些简单而又枯燥的训练，这不是浪费人生吗？我们的价值怎么实现呢？有一次，班长批评我没有完成任务，他既不听我的解释，也不考虑具体的情况，一点人情味也不讲。晚上，我一个人偷偷地流着泪，心里委屈极了。我在心里埋怨这个不近人情的班长，抱怨这些枯燥刻板的条令、条例。

连队的指导员看出了我的委屈。他找我谈话，说了很多，让我的心情平复了一些。指导员说："张明华，你虽然穿上了军装，但是你还没有成为一名军人，只有当你真正成为一名军人的时候，你才能发挥出自己的价值。"这句话我一直不太理解，为什么我当了兵，穿上了军装，在部队生活、训练、完成上级布置的任务，我还不是一名真正的军人呢？

直到 2014 年 9 月的一天，部队紧急出动参加抗洪抢险，我们的任务是去一个村里疏散村民，搬运救灾物资。车开到半道才发现前方道路完全被水淹没了，车队过不去。我们一边看着洪水一点一点地往上涨，一边牵挂着受灾的群众。在这个危急的时刻，中队长命令："所有人，立即下车，泅渡过去。"那时大家的心里就想着，哪怕是能快一分钟、一秒钟，老百姓就会少一分痛苦，多一分希望。全连 100 多个战友，我们相互提醒着，相互照顾着，我们顶着风雨在洪水中前进。那时候我们的眼中、我们的心里没有害怕什么危险，没有考虑什么个人安全。我们只有一个念头：完成任务，一定要完成任务，就算是牺牲也要完成任务。那一刻我明白了，一个战士、十个战士、百个战士、千万个战士，真正的战士心里只有一个任务，万众一心，没有自己。那一天，我真正地成为了一名军人！

有一种义务，要用两年的时间来履行；有一种责任，要用汗与泪来担当；有一种使命，要用血与火来熔铸。即使这种义务、责任、使命可能会经历生与死的考验！

部队是一所大学校，是一座大熔炉。你在这里能学会勇敢，学会坚强。你会有目标，你会有梦想，你会有如钢铁般的意志去面对所有的困难。

退役后，我回到学校继续完成本科学业。2018 年我考取了贵州大学动物科学学院的研究生。今年的 7 月，我毕业了，毕业后就职于贵州省农业科学院畜牧兽医研究所。我的学生时代告一段落，我将开启一段新的旅程。在新的旅程中，勇敢和坚强会一直陪伴着我完成各种任务。

今天我在这里向同学们倡议：同学们，你们要积极响应祖国的号召，积极应征入伍，时刻准备投身国防建设，挥洒青春，贡献力量！青春多壮志，风雨当磨炼。投笔从戎，强军强国有我！

谢谢大家！

　　谢谢张明华给我们分享他真正成为军人的那个瞬间，那个瞬间也是所有群众呼喊出"人民子弟兵"的瞬间。他们心里有党，心里有国，心里有人民。今天我们还有一位在生死较量中勇猛直前的斗士，他叫左石，是贵州医科大学附属医院的一名教授，他将给我们讲述一段不平凡的经历。

今天在这里回溯昨天的惊心动魄，是为了让同学们记住，只有掌握了知识才能在大灾之前抗争和战斗，直到取得最后的胜利。

——左　石

❖·❖·❖·❖·❖·❖·❖·❖·❖·❖·◆·❖·❖·❖·❖·❖·❖·❖·❖·❖·❖

左石从事医教工作 25 年，他是贵州省肝胆外科专家，被评为"中国好医生"，在学校他是谆谆善教的教授、导师，在临床一线他是无私无畏的白衣战士。

　　同学们，大家好！我叫左石，是贵州医科大学附属医院的一名主任医师，也是博士生导师。我是一名医生，也是一名大学教师，但是，我最想让大家知道的是，我是一名中国共产党党员。

　　最近，新冠肺炎疫情又出现了新的情况，请大家一定要按照国家相关部门的要求做好防护，保护好自己。当然，大家也要乐观，现在我们国家是全世界疫情防控做得最好的国家，没有之一。

　　今天我们的联防联控，药物、物资的准备已经做得非常好。我们全体医护工作人员对防治新冠肺炎疫情有绝对的信心。今天在这里，我想给同学们讲一讲一年多以前我参与抗疫的一些事。

　　时间回到 2020 年 1 月 21 日的凌晨，当贵州省首例新冠肺炎患者核酸检测结果显示阳性后，我立刻意识到"疫情就是命令，防控就是责任"，马上组织医院相关部门于凌晨 4 点召开紧急会议，部署相关工作，以最快的速度打响了我省新冠肺炎

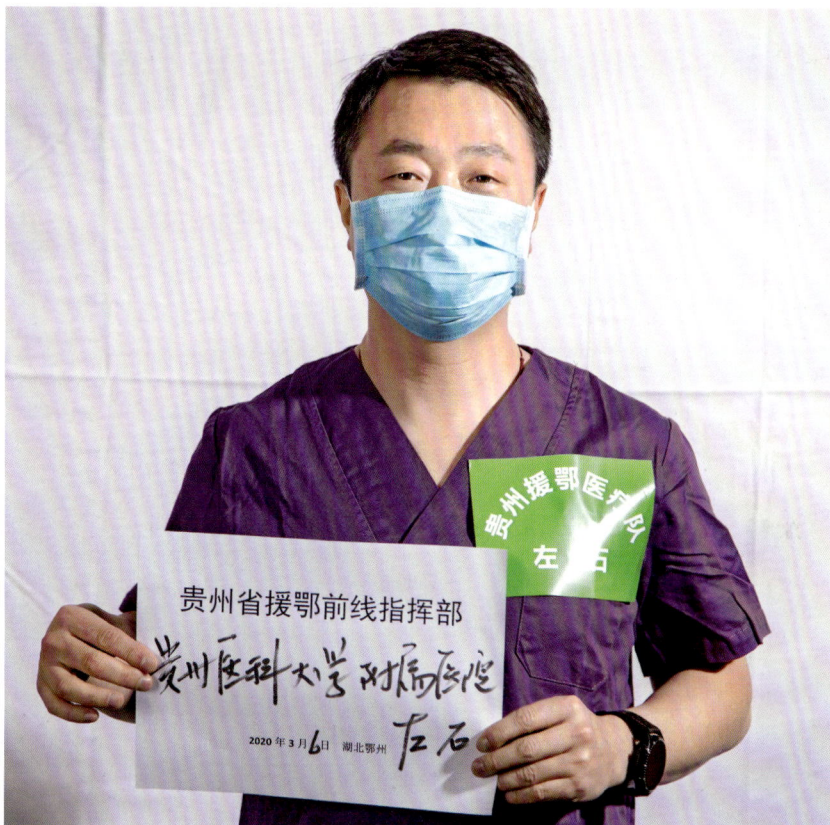

奔赴湖北鄂州参与抗击新冠肺炎疫情工作的左石

医疗救治的第一枪。经过 9 天的精心治疗，这位贵州省首例新冠肺炎确诊患者在贵州医科大学附属医院治愈出院了，给我们战胜新冠肺炎带来了极大的鼓舞和信心。

2020 年 2 月 10 日的深夜，我们接到省委、省政府关于组建第四批援鄂医疗队支援鄂州的指令，我主动向党委请求到鄂州参与抗击新冠肺炎疫情工作。2 月 11 日，我们当天部署、当天集结、当天出征，到达湖北鄂州时，已是 2 月 12 日的凌晨 4 点。当时，湖北鄂州的疫情十分严峻，我

贵州援鄂抗击新冠肺炎疫情医疗工作者

作为贵州省援鄂医疗队前线指挥部成员、救治专家组组长、雷山医院副院长，我心里想，一定要坚决地完成任务，一定要把我带来的所有同事一个不少地带回去。

在鄂州抗疫的 45 个日日夜夜，我们和病魔战斗，我们和死神抗争。没有白天也没有黑夜，没有周末也没有休息，只有抢救方案，只有医疗救治和防护措施。我们想尽了一切办法，发挥了超出我们想象的能力，取得了巨大的胜利。

截至 2020 年 3 月 25 日零点，贵州援助鄂州医疗队共管理新冠肺炎患者 767 例，治愈出院 602 例，治愈率达到了 97.57%，援鄂期间整个医疗队没有一个队员感染新冠肺炎。当我们带着胜利凯旋的时候，看着鄂州的老百姓以山呼海啸般的掌声致谢欢送我们的时候，我的眼睛湿润了，这里面是感动、是欣喜、是不舍，是平安的祝福，是胜利后的喜悦，更是感慨只有我们这样强大的国家，只有在中国共产党的领导下，我们才可以取得这样巨大的胜利。

同学们，2020 年仅仅三个月不到的时间，我们国家基本控制了疫情的蔓延，挽救了数以万计的群众。346 支国家医疗队，4 万多名医护人员，有很多人在万家团圆之夜踏上征程，奔赴湖北。回首昨天，我倍感自豪，因为我是共产党员，我是抗疫前线中的普通一员，我就在其中。今天新冠肺炎疫情在国内又有局部散发，但我们已经能够从容面对。在一段时间内，新冠肺炎疫情或其他疾病会与人类长期较量。同学们，今天在这里回溯昨天的惊心动魄，是为了让同学们记住，只有掌握了知识才能在大灾之前抗争和战斗，直到取得最后的胜利。

我是一名医生，也是医科大学的一名教师，我当然希望在座的同学们未来能够从事医生这个职业，因为成为一名医生就意味着你把敬佑生命、救死扶伤、甘于奉献、大爱无疆作为自己毕生的信念和誓言。同学们，我们一定要用自己的专业知识和职业素养，勇于担当，勇挑重担，为实现健康中国梦而努力奋斗。谢谢大家！

同学们，在我们听着左石老师讲述他抗疫往事的时候，我们也不要忘记，那个时候所有的医护人员同样面临着生与死的考验，他们都在第一线。救死扶伤，无私奉献，这是一名医生对自己许下的终身诺言。他们甘于奉献，为人民谋利益，舍小家为大家。接下来我们有请贵州师范大学的教师杨光复给我们讲述他在一个小山村的故事。

不管是烈日炎炎还是寒风凛冽，我都带头奔走在脱贫攻坚和项目建设一线；不管是明月高挂还是漆黑一地，我都夜以继日深入农户家中，解决着一个个影响脱贫攻坚和项目建设的矛盾和问题。

——杨光复

杨光复是贵州师范大学派驻石阡县龙井乡关口坪村的第一书记，驻村以来，杨光复把一颗真心倾注在乡村热土，用真情真扶贫。

老师们、同学们，大家好！我叫杨光复，是贵州师范大学的一名教师，也是一名驻村第一书记。同学们了解驻村第一书记是干什么的吗？驻村第一书记是脱贫攻坚战里的一支重要力量。我们国家每年都会从机关、学校、事业单位选拔出合适的党员干部，派驻到村里，帮助这个村完成脱贫任务。

2019 年初，组织安排我到铜仁市石阡县龙井乡关口坪村担任第一书记。这个村共有 1389 人，贫困人口有 494 人，贫困发生率为 35.57%。看到这一组数字，我心里感到一种无形的压力，沉甸甸的。这里的老百姓太穷了！我对自己说，杨光复，你是农民的儿子，你是一名党员，你一定要带领大家脱贫，让大家过上好日子。

我深知产业扶贫是扶贫工作的重中之重，是实现贫困人口稳定脱贫的根本之策。除了在田间地头深耕细作，发展果木种植、养殖之外，只有做好产业，发展好产业，才能使贫困人口获得长期稳定的收入，才能实现脱贫。

2018 年 8 月，总投资 11.7 亿元的仙人街旅游景区项目正式启动，正处于全县上下全力打赢脱贫攻坚战的关键时期。全县干部都下沉到各村开展脱贫攻坚工作，县、乡根本抽不出专人来负责项目建设工作。教书我是专业的，可是搞旅游景区开发，我可真是无从下手啊！难题摆在我的面前，我没有退路，只能由我这个第一书记来解决。

当时可真是把我急坏了，急得不知道怎么办的时候，我突然想到，我党最擅长发动群众，依靠群众。后来，我把村里的能人智士都召集起来，成立了由24名当地党员、干部、群众组成的项目协调组，随后，我们分组召开群众会，开展入户宣传、房屋拆迁、土地征收、坟墓搬迁等工作。不管是烈日炎炎还是寒风凛冽，我都带头奔走在脱贫攻坚和项目建设一线；不管是明月高挂还是漆黑一地，我都夜以继日深入农户家中，解决着一个个影响脱贫攻坚和项目建设的矛盾和问题。

经过一年多的努力，仙人街旅游景区终于在2019年9月顺利开园。开园后，旅游人数急剧增长，激活了农产品市场，拓宽了群众增收渠道。新开张"农家乐"10户、农家旅社8家、大型酒店2家，新增养鱼大户3家、养鸡大户2家、养羊大户1家，增加了就业岗位100余个，人均增收5000元。当然，在这个过程中，我也利用自己在岗位上的优势，联系了我工作的单位——贵州师范大学，帮助村里解决了一部分农产品的销售问题。

2018—2020年，村集体经济实现了贫困户户均分红1080元，结余20多万元；村民在扶贫基地的务工收入达15万元，户均增收4000多元，人均增收1000元左右。那一段时间，我尽自己最大的努力帮助仙人街景区做好宣传推介工作，利用微信、QQ、抖音等平台，大力宣传仙人街旅游景区，并邀请各级领导、同事、亲戚、朋友到仙人街旅游，天天讲仙

杨光复在关口坪村辣椒产业基地调研

人街好，天天讲仙人街美。有人问我，"杨书记，这个仙人街景区是不是有你的股份啊"，我总是高兴地回答，"有一份"。其实我心里真正的回答是："脱贫攻坚战，有我一份，让老百姓富裕这个任务有我一份。"

2019年，关口坪村成功入选贵州省"十县百乡千村"乡村振兴示范工程，为旅游开发打下了更加坚实的基础。2020年，我被石阡县评为"全县先进工作者"。2021年，我被授予"贵州省脱贫攻坚先进个人"称号。我将真心和真情倾注到关口坪村的每一寸土地，留给家人的却是愧疚。我在驻村后才得知妻子已经怀孕，却一直没有时间回家照顾。同时，我的父亲又被查出恶性肿瘤。一边是家里需要照顾的两个家人，一边是脱贫攻坚的关键时期，我只有把这些压力默默地承担起来。

今年2月25日，习近平总书记在全国脱贫攻坚总结表彰大会上发表重要讲话，庄严宣告：经过全党全国各族人民共同努力，在迎来中国共产党成立一百周年的重要时刻，我国脱贫攻坚战取得了全面胜利，这是中国人民的伟大光荣，是中国共产党的伟大光荣，是中华民族的伟大光荣！

作为一名共产党员，看到这样的成就，我倍感自豪，我为能在这个伟大奇迹中贡献自己微薄的力量而感到欣慰。

今天我仍然担任着驻村第一书记的职务。接下来，我将和千千万万的中国共产党党员，和亿万人民一起去振兴乡村，去实现中国共产党团结带领人民创造美好生活、实现共同富裕的坚实诺言。谢谢大家！

　　谢谢杨老师给大家讲述山村的变化，听着杨老师最后说的那一句"去实现中国共产党团结带领人民创造美好生活、实现共同富裕的坚实诺言"，我们相信这一天很快就会到来。

　　老师可以是为人民谋幸福的第一书记，有的时候也可以是我们生死关头的守护天使。接下来我们有请赫章县第六幼儿园的教师何梅给我们讲述一个惊心动魄的危急时刻。

十年树木，百年树人。教师这一职业的特定内涵，就决定了他这一生要像蜡烛一样燃烧自己、照亮他人。

——何　梅

在地震发生的时候，何梅和同事们用 17 秒组织了一场教科书式的避险撤离，被中宣部、教育部评为"全国教书育人楷模"。

各位老师、同学们，大家好！我是来自赫章县第六幼儿园的教师何梅，是一名共产党员。今天在这里要给大家分享一个"17秒"的故事。17秒，我们能做什么呢？同学们可以用17秒解一道题，老师们可以用17秒写一段评语，播音员可以用17秒朗读80个字，17秒钟也可能是你看着秒针摆动17次却什么也没有发生。

2020年7月2日上午11时11分，我正在办公室录入幼儿的信息，突然间感到一阵强烈的晃动，就像一辆上百吨重的大货车朝我冲了过来，我的第一反应是地震了。我大叫了一声：地震了，赶紧进班级！我最先想到的是距离安全出口最远的大二班。我立即跑进大二班的教室，看到有几个孩子还没有按照平时演练的要求把头藏到课桌下，于是，我赶紧帮他们完成了这一躲避的动作。当所有的小朋友安全躲避后，我感觉到震动的幅度减小了，我抓住那个瞬间，和王礼春老师及其他几个老师一起，带领大二班的孩子开始撤离。大二班32名孩子全部撤离出来的时候，是地震发生后的第17秒钟。

何梅老师对学生的关爱

投身强国之美

整个幼儿园 176 名幼儿，在 1 分钟内全部完成躲避和撤离。数据是后来根据幼儿园的监控录像回看统计出来的。这 17 秒发生的时候，所有的人都没有任何准备。

这是害怕的 17 秒，面对突如其来的地震，除了恐惧就是害怕，害怕幼儿园的孩子们受到伤害。这是幸运的 17 秒，当在操场上清点完全园 176 个小朋友后，我感到自己双腿发软，心里念叨的是：还好还好，孩子们一个都不少。这是兑现我誓言的 17 秒，我走上教师岗位的那天对自己许下的诺言，我入党时宣读的入党誓词，在这 17 秒钟里兑现了。

因为这 17 秒，我得到了很多的荣誉和表彰，但我的内心感到十分的惭愧，因为我只是做了一名教师应该做的事，只是履行了一个共产党员应该承担的义务。上级部门奖励我的 10 万元奖金，我捐给了我所在的幼儿园，用于幼儿园的安全建设和校园文化建设。

今年是我当上教师的第 15 个年头，从小学老师到幼儿园老师，从上班需要往返 50 公里，到借调到乡政府、县政府工作，有许多次差一点我就离开了教师这个岗位，但是因为热爱，我选择了留在三尺讲台。

2016 年，我正式成为一名中国共产党党员。去海雀村党员学习基地参观学习的时候，我被文朝荣老支书带领全村人民改变贫困状况的愚公精神所感动。从那会儿开始，我就常常在想，家长们望子成龙的殷切希望是什么，他们希望孩子们通过读书改变命运。从那时起，我下定决心要做一名能够改变落后现状的好老师。

十年树木，百年树人。教师这一职业的特定内涵，就决定了他这一生要像蜡烛一样燃烧自己、照亮他人。为了让山里的这些孩子能摆脱泥巴腿，走出山沟沟，我愿意一生都在人民教师这个平凡的岗位上，奉献我火热的情怀和赤诚的爱心。这就是我，一名中国共产党党员，一名教师的初心。

　　谢谢大家！

谢谢何梅老师，谢谢您勇敢经历的 17 秒。短短的 17 秒，让我们看到了赫章县第六幼儿园所有的老师爱生如子，谢谢她们在大灾大害面前的无私无畏。

校园安全、安全防范一丝半点都不能松懈，接下来我们有请遵义市正安县第一小学黄睿同学给我们讲讲校园安全防范。

安全防范不只是保护自己的身体。交通安全、外出安全、防灾避险，每一样安全知识都不能放松学习。

——黄　睿

黄睿是一名五年级的小学生，她沉稳机警，是学校的少先队大队长，在安全教育活动中她是志愿者、演讲者和安全防护知识的传播者。

亲爱的老师们、同学们，大家好！我是来自贵州省遵义市正安县第一小学五（5）中队的黄睿，今天我和大家分享的主题是"安全防范有我"。

"背心、短裤遮住的地方，绝对不能让人随便触碰。"这句话是我刚上一年级时，我们学校的女童保护讲师告诉我们的。老师说，安全防范，要从保护好自己的身体开始。每天，当我对着镜子梳理头发的时候，我总会检查我的穿着是否得体，不该暴露的绝对不能暴露，以此预防身边可能出现的坏人。老师说，坏人总用一些小动作从触碰我们身体暴露的地方开始，做一些伤害小孩的事。保护好自己的身体，不给坏人一点犯罪的动机，是对自己最基本的安全防范。

安全防范不只是保护自己的身体。交通安全、外出安全、防灾避险，每一样安全知识都不能放松学习。从简单的红灯停、绿灯行，到稍微复杂的防溺水安全；从演练式的防地震、防火灾到做成动漫的疫情防控。同学们，我们应该把这些知识一点一滴牢牢记在心间，并在生活中践行。我给大家讲一个《迟到一分钟》的

◇ ◇

故事。一个叫元元的同学，他总以为耽误一分钟没什么大不了的。殊不知，因为一分钟，他错过了绿灯，错过了公交车，导致他足足迟到了二十分钟。我听了这个故事以后，总会提前十分钟上学，因为从我家到学校要过三个红绿灯，时间加起来正好三分钟；我需要一分钟，避让过斑马线时正好通过的各种车辆；我可能还需要一分钟系偶然掉下来的鞋带；一分钟给路上遇见的老师和同学问好；剩下的四分钟我留给自己，用于走到学校时调整气息，不急不慢，刚刚好。

我自己的安全和健康，我要自己守护。给足自己时间，但绝不任性使用。在斑马线不和同学聊天、打闹，不看手机，不慢腾腾地通过。

老师说，当人行道的绿灯正好遇到救护车紧急通过时，因为你的不专心，就可能给别人或自己的生命带来不安全的因素。敬畏生命要用实际行动践行。当然，危险无处不在，有些同学在课间休息的时候，追逐打闹造成了骨折；有些同学在课堂上被铅笔头扎伤、在做实验的过程中不遵守操作规程被烫伤；甚至有些同学因家长疏于看护造成溺水身亡，或因轻视交通规则造成交通事故。这些意外令人防不胜防。

同学们，尽管生活中有许多不可避免的突发灾难，未知的遭遇常让我

投身强国之美

们胆战心惊、手足无措，但研究表明，我们通过加强自我保护意识、提高自我保护能力，就能在灾难和伤害降临的初期，及时采取正确的措施，可以避免80%的伤害。在学校里，我和其他几位小伙伴成了安全管理员，带领同学们上下楼梯轻声慢步靠右行，学校集会有序排队不拥挤；体育课前准备活动要充分，演练活动听从指挥不轻视。我跟同学说，楼梯上的那条黄线，就是我们心中的红线，决不逾越。

自律即自由，习惯成自然。当一切风险被习惯拒之千里时，当我们都能互相提醒、关心他人安全时，安全防范就像吃饭、写作业一样变得自然。

这个暑期，我参加了少先队假日志愿服务活动。我和老师、同学们一起走进社区宣传应知应会的安全知识。因为是暑假，防溺水成为我们宣传的重点。我把我的经验告诉身边的伙伴，我绝对不会擅自与同学结伴，或者私自下河游泳；不到无安全保障的水域游泳；不在上下学途中下江河池塘戏水、玩耍；不冒险过河、涉水坑。我还学会了游泳，学习了基本的自护、救护的技能。

最近，疫情又严峻起来。我召集伙伴们把疫情防控的"七步洗手法"制作成视频，一遍又一遍地给大家播放讲解，号召大家打疫苗，出入人员聚集的地方，佩戴好口罩，要勤洗手、常通风、保持一米以上的距离，没有必要的事不出省，如实提供自己的外出信息。

亲爱的同学们，安全防范就在你我身边。习近平爷爷关于总体国家安全观的重要论述，从人民安全、国家安全的高度，深刻诠释了维护学校安全、学生安全的极端重要性，这充分体现了人民至上、生命至上的理念，体现了对少年儿童安全问题的特别关怀。我们有义务也有责任认真学习安全防范知识，并将其传递给周围的人。让我们一起营造良好的校园安全防范氛围，从根源杜绝危险的发生。安全有我，请党放心！安全有我，请祖国放心！谢谢大家！

　　黄睿同学的演讲可爱又实用，安全无小事、防范处处在，同学们，我们一定要把安全防范的意识提高，要努力掌握避险避灾的知识和技能，只有保护好自己，才有可能做到"好好学习 天天向上"。接下来我们有请六盘水市第十九中学八年级（1）班的杜向斌同学给我们讲讲关于她转学的故事。

发生的这一切，让我眼界大开，让我看到了还有一个不同于大山的世界。我下定决心，要乘着理想的翅膀，飞向更广阔的天地。

——杜向斌

杜向斌这个因教育扶贫搬迁政策而走出大山的好学生，在新的生活环境里，在新的学校里，她饱含着天天向上的学习热情，是一名德智体美劳全面发展的好榜样。

老师们、哥哥姐姐们，大家好！我叫杜向斌，是六盘水市第十九中学八年级（1）班的学生。几年前，我从水城区比德镇易扶社区瓦厂组搬到了六盘水市水城区双水街道。寒来暑往，留下来的是一帧一帧坚持努力的画面；四季交替，忘不掉的是画面背后一个个支持我、帮助我的身影。

我的家原来在大山里面，几座大山把我们的村庄围成一口井，而我和同伴们就像井底的青蛙。那时，我和小伙伴们一直在想，山的那边是什么？高耸入云的大山层层叠叠，遮住了我们探索世界的目光，也挡住了我们追逐梦想的脚步。

直到有一天，爸爸对我说，我们要搬家了。我问爸爸：我们要搬到哪里去？爸爸说：女儿，党的政策好，政府给我们修好了房子，我们要搬到城里去。我问爸爸：是不是要花很多很多钱啊？爸爸说：政府不要我们的一分钱。知道要搬出大山，我真的太高兴了，天天盼着搬家，天天盼着去新学校上学。我们家搬到了双水街道，我开心极了。我第一次看见了林立的高楼，感受到了什么叫"车如流水马如龙"。我们家也

祭奠革命先烈

在楼房里，家里又宽敞又明亮，特别是，我有了自己的房间和书桌。最让我开心的是我来到了一所美丽的学校：六盘水市第十九中学，我对这个学校满意极了。以前我住在大山里，每天都要早早地起床，背上书包，踩着弯弯曲曲的山路，走一个多小时才能走到山坳里的学校。那是个又小又旧的学校，全校的学生加起来都没有现在一个年级的多。现在我所在的学校可漂亮了，有宽敞明亮的教学楼、干净卫生的食堂、宽阔平整的操场，还有图书馆、实验室、多媒体学习设备，教室里有饮水机，有个人专用的储物柜，这一切一切都是我不敢想象的。

我太热爱我的新学校了，学校里有音乐、体育、美术、手工、文学、科技等几十个社团的"课程超市"，喜欢什么就学什么。我参加了农民画和蜡染社团，老师带着我们用手中的画笔和工具，表达着对家乡的热爱、对美好生活的向往。我还参加过茶艺社团，尝试用咱们家乡的"水城春茶"感受"喝着喝着春天就来了"的美好意境。我最喜欢的是音乐社团的钢琴课，在老师的精心指导下，我现在能够流畅地弹奏自己喜欢的曲子了。在今年的一次比赛中，我还获得了二等奖！在其他方面我也受到了很多表扬。有时候我看着家里的奖状和奖杯，心里忍不住想：杜向斌，你是好样的！但是我也知道，我所取得的每一点成绩，除了自己的坚持和努力，更多的是老师和同学们对我这个乡下的小丫头的关心，让我快乐地成长。

爸爸说，我们全家人都要记住，是老师好，是学校好，是共产党的政策好，我们才过上了这样的好生活。脱贫攻坚、乡村振兴、共同富裕、不忘初心，这些词我虽然不是很懂，但是我知道这是中国共产党向老百姓许下的诺言。我经常说这些，说得多了，有人就问我："杜向斌，你想做一名共产党员吗？"我说："当然想，虽然现在还不是，但是将来我一定是！"

发生的这一切，让我眼界大开，让我看到了还有一个不同于大山的世界。我下定决心，要乘着理想的翅膀，飞向更广阔的天地。我要把"好好学习，天天向上"这句简单的话当成对自己的最高要求。杜向斌，你快点成长吧，长成一个有用的人，回报老师、回报社会、回报国家；杜向斌，你这个少先队员快点成长吧，你一定要成为一名共青团员，将来还要成为一名中国共产党党员，去实现你的梦想。谢谢大家！

　　杜向斌同学刚刚给我们讲述的是她热爱学校、热爱学习的故事，我们为她能这么愉快地学习而感到由衷的高兴。

　　接下来我要为大家介绍的这位老师，他叫刘秀祥，他让1800多名学生重新回到了校园，让我们一起聆听他关于立德树人的故事。

我认为，走出大山不是为了逃离大山，而是为了更好地回到大山，建设和发展大山。我要搬开压在人们心里的大山，我要许同学们一个光明的未来。

——刘秀祥

刘秀祥在望谟县实验高中任教，九年的时间，刘秀祥老师帮助 1800 多名少年重返校园，被中宣部授予"全国最美教师"荣誉称号。

老师们、同学们，大家好！我是贵州省望谟县实验高中教师刘秀祥。非常荣幸能跟大家进行交流和分享。同学们，人生需要不断地奋斗。习近平总书记说："征途漫漫，惟有奋斗"，"幸福都是奋斗出来的"。今天，回看我个人的成长之路，确实是一条奋斗之路。

在我四岁的时候，我的父亲就生病去世了，我的母亲也因此患上疾病，生活不能自理。为了求学，我带着母亲四处奔波。2008年，我考上山东临沂大学，带着母亲远赴山东上大学。我在学校附近租了一间小屋，一边上学一边照顾母亲。2012年大学毕业，我听从了内心的声音，放弃了外面企业的工作，带着母亲回到了家乡望谟县，成为一名乡村中学教师。那时"读书无用论"还是家乡很多人的观点，很多孩子初三毕业后就外出打工或是早早结婚生子。我想，我一定要为家乡教育的改变做点什么。2012年8月，我发起了"助学走乡村行动"，我要帮助那些学生重新回到教室。在上级的关心和支持下，我创建了四个工作室：省级、州级劳模创新工作室和省

刘秀祥老师进行家访

级、州级名师工作室。以工作室为依托，持续进行公益讲座、教师培训、学生德育教育和贫困学生资助。

九年的时间，我走遍了望谟县的所有村寨，骑坏了八辆摩托车，让1800多位孩子重返校园，并帮助他们进入更高学府。扶贫先扶智，教育脱贫才能拔除穷根。我积极牵线一对一助学，截止到目前，共对接资助贫困学生 2713 人，资金超过千万元。现在，我们实行了集中助学，把家庭贫困的孩子集中起来，开设班级。目前，在望谟县实验高中和望谟县一中设有宏志班、珍珠班和智慧班共 7 个班，350 人；设立企业和社会助学金共牵线投入资金 300 余万元，助力学生圆梦大学。我是一名普通的基层教师，也是一名共产党员。我在学校分管德育工作，在学校实施了"红色育人工程"，将红色文化融入校园、融入课堂，让红色文化浸润学生心田，培养学生成为具有家国情怀的新时代社会主义建设者。

九年的教学生涯，我习惯了长时间待在学校，习惯了家访，习惯了与学生们打成一片。最忙的时候，整天忙得团团转，走路都要小跑，有时连吃饭的时间都没有，晚上就睡在学生宿舍。每到周末都要把学生分批带回家，亲自给他们做饭吃，目的就是改善伙食并让他们感到家的温暖。学生、学校和母亲就是我生活的全部。为了不让任何一个孩子失学，家访时，我不知道吃了多少闭门羹；山路崎岖，我也不知摔伤了多少次。

有人问我，你这么辛苦是为了什么？其实，在我的心里，有一个朴素的想法让我坚持下去："每一个孩子都应该有更好的未来，无论他出生在哪里，在怎样的家庭和怎样的环境。"我们怎样，未来的中国就怎样。未来的中国就在今天的课堂里！

越是偏远的地方越需要优质的教育，更需要优秀的教师。

我认为，走出大山不是为了逃离大山，而是为了更好地回到大山，建设和发展大山。我要搬开压在人们心里的大山，我要许同学们一个光明的未来。以前，交通不便、经济滞后、教育落后，而当下，脱贫攻坚圆满收官，交通条件已经大大改善，教育面貌和教育质量也得到了大幅度的提升。"助学走乡村行动"还要发挥更大的作用，不光要帮助学生成才，还要帮助教师成长，一个好老师才能教出一群好学生。我希望我们教出来的学生能以实现中华民族伟大复兴为己任，我希望我们教出来的学生，是具有家国情怀的新时代建设者和接班人。

"立德树人，强国有我。"我虽然只是一名普通教师，一名普通的共产党员，但是我要做一个走在时代前列的开拓者、奋进者和奉献者。我必将把初心和使命融入血液、铸入灵魂、化为行动，让党徽在三尺讲台上熠熠生辉。

我希望和所有的老师一起，用水滴石穿的坚定信念和润物无声的持续教育来感染、熏陶每一位学生，激发他们爱党爱国的热情，让他们心中有梦、心中有爱、心中有志、心中有力、心中有责。谢谢大家！

朗 诵

张明华　　　请党放心，强国有我

　　　　　　我曾手握钢枪，迎难而上

　　　　　　我不是英雄

　　　　　　我只是人民的子弟兵

　　　　　　今天我奔赴科研前线

　　　　　　奉献热血年华

　　　　　　是祖国给我力量

左　石　　　请党放心，强国有我

　　　　　　当新冠病毒撕裂这个世界

　　　　　　中国医生

　　　　　　义无反顾，奔向一线

　　　　　　我们在万家团圆时出发

　　　　　　我们奔赴没有硝烟的战场

　　　　　　我们万众一心，众志成城

　　　　　　直到胜利的消息传遍四方

杨光复　　　请党放心，强国有我

　　　　　　乡村是中国的起源

共同富裕

是所有中华儿女的梦想

党把我派到人民群众

最需要的地方

让我们一起振兴乡村

让水清天蓝

生活富裕，共享小康

何 梅　　请党放心，强国有我

当老师 15 年

这个时间很短

因为要点亮孩子们的梦想

远远不够

如果可以燃烧自己

17 秒却可以很长很长

我用爱播种春天

播种希望，播种力量

杜向斌　　　请党放心，强国有我

我是一朵爱学习的小花

我在明亮的教室里描画未来

我在崭新的校园里放声歌唱

我天天向上，快快长大

黄　睿　　　请党放心，强国有我

我爱春天

春天生机勃勃充满希望

我们保护好自己

让我们的生活处处阳光

少年智则中国智

少年强则中国强

同学们

让我们健康快乐，一起成长

刘秀祥　　　请党放心，强国有我

我是一名教师

我是一名共产党员

水滴石穿

润物无声

立德树人，让教育激发同学们

爱党爱国的热情

让同学们心中有梦

心中有爱　心中有志

心中有力　心中有责

全体学生合　请党放心　强国有我

请党放心　强国有我

请党放心　强国有我

第五讲完整视频

体教融合之美

（2021 年 10 月 14 日）

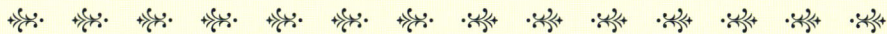

◆ 主讲人 ◆

吴　涛

贵州省体育局党委书记、局长

这就是体育，这就是体育的力量，这就是体育对人的全面发展的价值所在。

　　人生亦如一场马拉松，在这个征程上，体育一定是个好帮手。

好孩子需要好体育，好学校需要好体育，好国家需要好体育。因为体育的过程，就是立德树人的过程。

老师们、同学们、朋友们，大家好！我是贵州广播电视台的主持人赖卓，欢迎大家来到"贵州教育大讲堂"。

2020 年 4 月 27 日，中央全面深化改革委员会第十三次会议审议通过了《关于深化体教融合　促进青少年健康发展的意见》，会议指出，深化体教融合促进青少年健康发展，要树立健康第一的教育理念，推动青少年文化学习和体育锻炼协调发展，加强学校体育工作，完善青少年体育赛事体系，帮助学生在体育锻炼中享受乐趣、增强体质、健全人格、锻炼意志，培养德智体美劳全面发展的社会主义建设者和接班人。

"体教结合"是新的历史条件下加强学校体育工作、推动素质教育、促进青少年训练、为国家培养和造就高素质劳动者和优秀体育后备人才的一项新的重要举措。新时期提出的"体教融合"立足于促进青少年身心健康发展，提倡加强青少年学生的体育锻炼。

接下来我们有请贵州省体育局党委书记、局长吴涛为我们进行分享。

体育比赛总是有胜与败、赢与输、得与失，没有"常胜将军"，"胜不骄，败不馁"，失败了深刻总结，吸取教训，下次再来，直到取得胜利、直到战胜对手、直到超越自我，永不服输、永不言败的精神，一定会演变成为孩子们积极面对一切困难、挫折的乐观态度和拼搏精神。

——吴　涛

贵州省体育局党委书记、局长吴涛，他毕业于体育专业，曾经在师范院校工作了21年，现在他是全省体育部门的负责人。"促进体育教育融合，推动青少年学生全面、健康发展"是他的初心和使命。让体育为教育提升素质，让体育成为青少年健康成长、快乐生活的源泉。今天他要讲述的是体教融合助力教育之美。现在让我们一起来聆听他的精彩发声。

各位老师、同学、家长，大家好！很高兴作为教育大讲堂的嘉宾，与大家进行交流。

习近平总书记强调，体育承载着国家强盛、民族振兴的梦想。体育强则中国强，国运兴则体育兴。他尤其重视加强学校体育工作。在 2018 年 9 月 10 日召开的全国教育大会上，习近平总书记发表了"坚持中国特色教育发展道路，培养德智体美劳全面发展的社会主义建设者和接班人"的重要讲话，要求要树立健康第一的教育理念，开齐开足体育课，帮助学生在体育锻炼中"享受乐趣、增强体质、健全人格、锤炼意志"。2020 年 4 月 27 日，中央全面深化改革委员会十三次会议审议通过《关于深化体教融合　促进青少年健康发展的意见》，为深化教育改革、加强青少年体育工作注入了强大动力。深刻领会、认真落实习近平总书记的重要指示精神，开启体教融合新征程，需要全社会共同努力，尤其是我们的学校、老师、家长和学生。

今天我重点跟大家交流三个问题：

参加足球训练的小学生

第一个问题，解决学生身心健康问题刻不容缓。

一段时间以来，不科学的教育评价导向，唯分数、唯升学、唯文凭、唯论文、唯帽子的顽瘴痼疾，使我们更加强调学生的智育，而忽视了青少年的全面教育和全面发展，带来了一系列的问题。

比如"小胖墩"，首份《中国儿童肥胖报告》指出，我国儿童超重和肥胖率不断攀升，主要大城市 0—7 岁肥胖儿童估测有近 500 万，7 岁以上学龄儿童超重、肥胖超 3000 万，这种趋势还在逐年上升，肥胖带来的健康问题不断显现。

比如"小眼镜"，2019 年我国儿童青少年总体近视率为 53.6%，也就是说每两个儿童青少年中就有一个近视。疫情期间，受网课增多、户外运动减少等情况影响，中小学生近视率增加了 11.7%。目前我国青少年近视率高居世界第一，而美国是 25%，澳大利亚是 1.3%，而且我国近视率逐渐呈现低龄化趋势。

再比如"玻璃心"，青少年学生抑郁症、自闭、自残、自杀发生率正在为公众关注的社会问题。"学业压力和不完整的现代教育，是中小学生心理健康问题的重要成因之一。"南京师范大学项贤明教授团队发布的《培育坚强心灵 —— 中小学生心理健康的教育支持》调查报告显示，青少年的心理健康问题已不容忽视。

还有，不守规则、不讲道理的"熊孩子"，高分低能的"书呆子"，脊柱侧弯的"弯孩子"，等等。当然，我不是学生健康问题专家，此处列举这些数据和现象，仅仅是为了提供一个佐证，引发大家的思考：青少年的身心健康和全面发展已经到了全社会必须高度重视并切实加以解决的时候。

所谓"少年强、青年强则中国强"，没有优秀的革命事业接班人，中华民族伟大复兴的中国梦将难以实现。因此，在实现第一个百年梦想，向着第二个百年梦想进军的起步阶段，一定要下更大的决心推动改革，兴利除弊。从体育工作者的角度看，深化体教融合，是解决青少年健康成长一系列问题重要而有力的抓手。

第二个问题，正确认识体育和体育的价值。

什么是体育，它的价值在哪里，这是我们首先要弄清楚的问题。体育不仅仅是跑跑跳跳，不仅仅是训练比赛，不仅仅是游戏、娱乐，体育是一种复杂的社会文化现象。已故南非总统曼德拉曾经说过："体育有改变世界的力量。"是的，体育不但可以改变一个人，还可以改变一个国家、一个社会。今天我们重点从对人的影响来讨论体育及其价值。体育是根据人体生长发育、技能形成和机能提高等客观规律，以身体运动与智力活动为基本手段，达到促进全面发育、提高身体素质与全面教育水平、增强体质与提高运动能力、改善生活方式与提高生活质量的一种有意识、有目的、有组织的社会活动，包括体育教育、体育活动、体育竞赛、体育文化等诸多要素。体育的功能包括健体功能、教育功能、砺志功能、愉悦功能。

一代伟人毛泽东，有深邃的体育思想，他最早正式发表的关于体育的文章是 1917 年发表在《新青年》的《体育之研究》，这篇不朽之作，今天读起来，仍然能够感受到其思想的睿智和远见卓识。青年毛泽东对"国力荼弱，武风不振，民族之体质日趋轻细"的状况，深感忧虑，在探索救国救民的道路上，看到了体育对增强民族体质、提倡武风、挽救民族危亡的重要作用。他在此文中阐述了体育"强筋骨、增知识、调感情、强意志"的四大作用，同时提出了学校教育要"三育并重""体育占第一位置"的思想，奠定了毛泽东体育思想、教育思想的基础，这对于他今后提出"发展体育运动，增强人民体质"的体育工作方针，具有重要先导作用。同时，毛泽东的一生，也有着丰富的、持之以恒的体育实践，他尤其喜爱游泳，畅游过江河湖海，及至 81 岁高龄还先后五次到长沙游泳馆游泳。在他的影响下，一个时期里，游泳运动在中华大地蔚然成风。他的许多诗词里都能找到游泳的印记，其中有一句"鲲鹏击浪从兹始"，用这七个字来形容游泳对毛泽东人生的特殊意义，是十分贴切的。

竞技时刻

腾空的感觉

改革开放总设计师邓小平，非常重视体育事业的发展，他把群众体育看作体育工作的根本任务，始终关心广大人民群众的体育活动，尤其关心青少年儿童的身体健康。他为《中国少年报》和《辅导员》杂志题词："希望全国的小朋友，立志做有理想、有道德、有知识、有体力的人，立志为人民做贡献，为人类做贡献。"他把"四有"中的"有体力"作为为人民、为人类做贡献的基础。他曾经多次告诫国家体委的领导同志："就是要加强学校的体育，要把学校的体育工作搞好。"邓小平不仅关心体育，而且自己就是体育精神的终身践行者。不论是在革命战争年代，在受迫害蹲"牛棚"的日子里，还是在后来复出主持中央工作大局的时候，始终坚持体育锻炼，最喜欢的运动是游泳、登山、健步、冷水浴、打桥牌。他超人的思想境界和革命意志，与他终生坚持体育锻炼、磨砺自己的意志和强健自己的体魄密不可分。

带领我们走进新时代的习近平总书记，是"资深体育迷"，始终强调体育对国家发展、社会进步、民族振兴的重要作用，他指出"建设体育强国，是全面建设社会主义现代化国家的一个重要目标"。习近平总书记特别重视青少年的健康成长，高度重视青少年体育工作，他强调："一个健全的人既要有丰富的知识和文化内涵，还要有健康的精神和强健的身体"，"少年强、青年强则中国强。少年强、青年强是多方面的，既包括思想品德、学习成绩、创新能力、动手能力，也包括身体健康、体魄强壮、体育精神"。他希望"广大青少年都积极投身体育锻炼，既把学习搞得好好的，又把身体搞得棒棒的，做到德智体美全面发展，将来成为祖国建设的栋梁之材"。习近平总书记同时也是一位运动爱好者，喜欢登山和游泳，游泳是他几乎每天都在坚持的运动，年轻时他还喜欢足球和排球。

他在索契冬奥会期间接受俄罗斯电视台专访时透露："我本人现在还是抽出时间来游泳，一天1000米。"并生动形容"锻炼身体是'磨刀不误砍柴工'"。

实际上，古今中外各个领域的领袖级人物和成功人士大多热爱体育。俄罗斯总统普京是柔道高手，还喜欢打冰球；法国总统马克龙被称为"网球王子"；美国前总统奥巴马最擅长的运动是篮球……还有我们熟悉的共和国勋章获得者、工程院院士钟南山，他认为体育运动应该像吃饭、睡觉一样，成为生活必需的组成部分。商业精英中的很多人都习惯走出办公室就走进运动场。这么多重视体育、钟爱体育的领袖、大师、精英，并不是在事业成功之后才喜欢上体育，而是体育运动的习惯更好地帮助他们走向成功，坚持体育运动使他们拥有了强健的体魄、坚毅的品质、健全的人格、进取的精神。中国教育家蔡元培早在100多年前就说过，"完全人格，首在体育"。著名经济学家、清华大学教授李稻葵几年前曾在瑞士参加达沃斯论坛后，写下这样一篇文章：《为什么有体育特长的孩子，将来会走得更远？》，其中的道理值得大家深思。

我想，这就是体育，这就是体育的力量，这就是体育对人的全面发展的价值所在。

第三个问题，充分认识体育立德树人的重要作用。

孩子是家庭的希望，是国家的未来，是民族的血脉。培养体魄强健、人格健全、心理健康、充满活力的下一代，是家庭、学校、社会的共同目标。

每一个人都有自己的人生目标，实现目标需要坚持不懈地努力，未来的竞争，更加强调人的社会角色意识、正确的自我认知、基本素质和综

幼儿园的冬季运动会

合能力，需要终身不断学习、不断实践、不断完善、不断提高，不能过于计较一时一事、一城一池的得失。就像参加一场马拉松，既是跟对手比，也是跟自己比，既要跟自身较劲，也要跟环境较劲，我们不能输在起跑线，但也要努力做到不中途退赛，要按自己的能力跑好每一个赛段，不能为了短暂的领先盲目透支身体能量，只有遵循规律、把握节奏、统筹兼顾，才能抵达终点实现超越。人生亦如一场马拉松，在这个征程上，体育一定是个好帮手，特别是在青少年时代，在身心可塑性极强的阶段，绝对不能忽视、轻视体育的功能。我特别同意知名体育教育专家、北京师

球类运动展示

范大学博士生导师毛振明教授的看法，他说：好孩子需要好体育、好学校需要好体育、好国家需要好体育。因为体育的过程，就是立德树人的过程。

第一，体育运动是孩子们强健体魄的助力器。通过坚持锻炼、科学训练、参加比赛，养成良好的运动习惯，不断增强身体素质，包括力量素质、耐力素质、速度素质、平衡能力、灵敏度、柔韧性、协调性等，特别是能使心血管系统、神经系统、呼吸系统、内分泌系统、代谢系统的功能得到不断的提升。这是参加体育运动最直接的收获和帮助。

第二，体育运动是孩子们提高情商的催化剂。习近平总书记说，做实际工作情商很重要。著名心理学家，哈佛大学教授丹尼尔·戈尔曼研究认为，20%的智商＋80%的情商＝100%的成功。体育运动是由众多个体参与的社会活动，特别是各种比赛，在个体对抗和团队对抗的竞技过程中，可以增强了解自己情绪的能力，增强控制自己情绪的能力，增强用情绪进行自我激励的能力，增强了解别人情绪的能力，增强影响别人情绪的能力，大家可以想一想是不是这样。这些能力，从情商的角度看，就是自我意识、情绪控制、自我激励、认知他人和处理相互关系等素质。

第三，体育运动是孩子们优秀品质的试验田。优秀的品质能帮助一个人成为有理想、有目标、有追求、有使命、有担当的社会成员。在体育运动中，孩子们会受到"更快、更高、更强"的奥林匹克格言的激励，也会受到"相互理解、友谊长久、团结一致、公平竞争"的体育竞技精神的熏陶，帮助他们锤炼更优秀的品格。包括五个方面：

——参加体育运动，可以使孩子们增强团队意识。特别是通过参与集体竞赛项目，能够使孩子们逐渐认识到，想取得理想的成绩，要战胜对手，必须团队共同努力，相互配合、相互支持、相互关照、相互成就，单打独斗难以取得成功，团队配合得越密切，展现出的力量就越强大。

——参加体育运动，可以使孩子们增强规则意识。所有的体育活动，不论是个体的还是集体的，都有明确清晰的规则，违规就要被处罚，但这是一种成本低廉、代价极小的处罚。体育运动使孩子们遵守规则的意识得到不断强化，对他们将来走向社会，更加懂得敬畏和遵守各种社会规范，将产生积极的影响。

——参加体育运动，可以使孩子们培养大格局。为了夺取团队的胜利、取得更大的成功、铸就辉煌的业绩，勇于把最好的机会让给队友，甘愿当好"助攻手""二传手""守门员""前三棒"，在这个过程中，可以真切体会什么是"功成不必在我、成功必定有我"的道理，从而不断淬炼更高层次的人生境界。

——参加体育运动，可以培养孩子们坚忍不拔的意志品质。体育竞赛活动，往往是在对抗、竞技、比拼中进行的，常常会使人经受运动"极点"的考验，经受意志力崩溃边缘的煎熬，经受虽然失败还要奋力拼搏的磨砺，能够使人更深刻地懂得坚持的道理和价值，培养坚持到底的自信、勇气和毅力。

——参加体育运动，可以使孩子们接受最有效的挫折教育。体育比赛总是有胜与败、赢与输、得与失，没有"常胜将军"，"胜不骄，败不馁"，失败了深刻总结，吸取教训，下次再来，直到取得胜利、直到战胜对手、直到超越自我，永不服输、永不言败的精神，一定会演变成为孩子们积极面对一切困难、挫折的乐观态度和拼搏精神。

第四，体育运动是孩子们健康心灵的培养室。爱玩是孩子的第一天性，因此，给孩子们足够的、必要的"玩"的时间和空间，是保证他们心智健康的重要途径。经常参加体育运动，特别是户外运动，是最健康、最积极、最有效的"玩"的方式。我们常常说喜欢运动的孩子最聪明、喜欢运动的孩子最会学、喜欢运动的孩子后劲足，喜欢运动的孩子活泼开朗、阳光上进，那是因为体育运动使他们找到了释放身体负能量的有效方法，使他们张弛有度、身心经常能够保持健康的状态。

以上三个问题所要表达的中心思想，就是希望大家重视、关注、参与和支持青少年的体育工作。谈了一些粗浅认识，不当之处敬请大家批评指正！

最后，我想在这里给学校、家长和同学几点建议：建议学校抓住体教融合的契机，建立完善符合学段实际的工作机制，合理安排工作经费，充分利用社会资源，为本校学生体育锻炼提供尽可能好的服务；建议家长进一步强化健康第一的思想，孩子的健康成长和全面发展比什么都重要，要放下焦虑、放松心态，理性对待"考分"，不要过度挤压学生课余锻炼的时间；建议学生从小把体育作为人生的伙伴，在老师和家长的指导下规划好课外时间，提高学习效率，积极参与体育运动，培养健康规律的学习生活习惯。

谢谢大家！

第六讲完整视频

第 七 讲

教育公平之美

（2021 年 11 月 25 日）

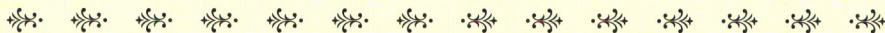

◆ 主讲人 ◆

田 军
贵州省招生考试院党委书记

高考之美，美在公平！

追求公平、维护公平，办人民满意的考试招生事业是我们每一位教育人的初心和使命。

高考虽然是一项教育制度，但高考所产生的社会影响，远远地超越了教育本身，高考公平已经成为衡量社会公平的重要尺度。

世界上没有绝对的公平，任何一种公平都是相对的。维护高考公平的道路没有终点，但我们一直在为着这个目标努力。

改革难，教育改革更难，高考改革难上加难。但惟其艰难，才更需勇毅；惟其笃行，才弥足珍贵。

高考公平让每个人都有机会人生出彩、梦想成真，每个人也都有机会与全体人民共享改革发展的成果。

一旦触碰高考公平底线，必须零容忍，让破坏高考公平的人付出应有的代价。

视频短片　　高考是人生中一次非常重要的经历。对于大多数人来说，高考，是一次改变自己命运的人生考试，寄托了一个考生的梦想与抱负。自1977年我国恢复高考制度以来，高考记录了一代又一代人"知识改变命运"的痕迹，承载着全社会对"公平"的期待，"阳光高考"已逐渐成为全社会的共识。但对于广大考生和家长而言，高考似乎又充满了"神秘"。

2022 年的高考报名工作已经结束，再过几个月，我省近 45 万考生就要走进高考的考场了。今天，"贵州教育大讲堂"特别邀请到贵州省招生考试院党委书记田军与您一起聊聊"阳光高考——教育公平之美"。

老师们、同学们、朋友们，大家好！欢迎大家来到"贵州教育大讲堂"，我是主持人赖卓。

我们常常说"知识改变命运"，教育不仅改变着个人的命运，更是直接影响着国家、社会的发展。

今天，回顾中国教育的发展历程，我们不得不提到1977年这个重要的时间节点。这一年，中国恢复了高考，用公平的人才选拔制度，让许多人真真切切地通过自己的努力摆脱了贫困，改变了命运。这一年，那些拥有梦想的有志者，终于有了一条实现梦想的路。而也是从这一年开始，通过高考选拔的人才，在各行各业为国家发展做出了巨大贡献，短短几十年，中国也实现了跨越式的发展。

高考制度的不断完善，是中国教育进步的一个缩影，也是社会公平正义的一把标尺。它的价值与影响，早已远远超越了考试本身。它代表着国家对教育的重视，同时也是人民对国家的信任，它重塑了许多人对未来的信心，相信"天道酬勤"是真理。

我相信，此时此刻正在收看我们节目的您，应该也经历过高考，不知道大家是否还记得自己高考的那段岁月，那些熬夜苦读的夜晚，都是为了那关键的两三天，那份紧张与忐忑至今难忘。那时候，手里面握着的好像也不只是一支笔，仿佛是一把打开未来大门的钥匙，大门后面会是怎样一个世界，它有着无数的可能。今天我们就来聊聊高考。

今天来到"贵州教育大讲堂"的主讲嘉宾，他自己对高考就有着深刻的经历和感受。

高考之美究竟是什么？高考的公平机制我们如何捍卫？让我们聆听今天的嘉宾为我们一一道来。下面有请贵州省招生考试院党委书记田军。

无论你来自城市或是农村，高考都给你一个公平的起点，也给你一个让梦想照亮现实的机会，给你既能追求粮食和蔬菜、又能追求诗和远方的机会。

——田　军

贵州省招生考试院党委书记田军，1982年参加高考，大学毕业后一直从事考试招生工作，带着对高考的感恩之心，他一直饱含激情，深耕于考试招生这片热土，怀着对高考的敬畏之情，他一直身体力行，守护着高考这片绿洲。作为教育工作者、招生考试人，他维护高考公平的步伐从未止歇。今天，田军书记将与大家分享他心目中的教育公平之美。

老师们、同学们、朋友们，大家好！"贵州教育大讲堂"开播以来，得到了大家的持续关注和广泛好评，成为广大家长、学生和社会各界了解贵州教育、探讨贵州教育的一个新的平台。

"美的教育才是人民满意的教育"这个贵州教育界的朴素观点，能得到大家的认同，作为贵州教育人，我感到非常荣幸。

大家高度关注教育，高考又是教育中最受关注的，自1977年恢复高考以来，高考制度在我国经济社会发展中发挥了非常重要的作用，成为选拔人才的一项重要制度。而发展到今天，高考不仅仅是一次考试、一项制度，更是一种意义深远、蕴涵丰富的精神，一种为理想奋斗的、公平正义的精神。

我们很多人都是从高考过来的，都是通过高考改变了命运。所以，我们应当感恩高考，是高考给了我们"知识改变命运"的希望。

我是1982年参加高考的，虽然至今已经过去了39年，但是当时的情景仍然历历在目。那时恢复高考刚五年，全国参加高考的人数有 187 万，我怀着对知识的渴望，怀着对高考公平制度的信任，报名参加了高考。

尽管那时候的教育条件很艰苦，但是我深信一分耕耘一分收获，最终，我幸运地成为当时"天之骄子"中的一员。收到录取通知书的那一刻，我的眼泪忍不住流了下来，我知道天道酬勤，更知道在高考的制度中有一种美一直给予着万千学子希望，这就是教育公平之美。

同时，我们也应当敬畏高考。高考虽然是一项教育制度，但高考所产生的社会影响，远远地超越了教育本身，高考公平已经成为衡量社会公平的重要尺度。

毕业以后，我一直从事考试招生工作，更能深刻感受到公平的重要，公平是最不容践踏的底线。招生考试战线的同志都知道，在高考前后，陪伴我们的都是一个个加班的夜晚，一个个不眠之夜，我们努力为考试公平尽着自己的一份责任，就是以招生战线的合力，共同守护高考的公平正义。

因为高考，成千上万寒门学子得到了改变命运的机会；通过高考，国家选拔培养了数以亿计的人才，使我们的国家在短短几十年时间内实现了跨越式的发展。

感谢高考，让无数学子有了仰望星空的目标，有了脚踏实地的希望，更有了追逐梦想的路径。高考不仅仅是一场考试，它给我们带来的是对国家教育的信任，更是对社会美好的希望，这种信任不容玷污，这种希望不容辜负。

高考也让大家相信，通过努力学习知识，就可以通过高考进入大学深造，从而改变自身的命运，使未来更加光明，人生更加精彩。今天，我

在这里和大家分享的主题是"阳光高考，教育公平之美"，我将从三个方面分享我对高考公平的一点认识。

第一个方面：高考之美，美在哪里？

我们说"美的教育，才是人民满意的教育"，同样，公平的高考才是美的高考。高考之美，美在公平！

那么，高考公平之美美在哪里呢？我想，是因为高考最能体现权利公平、机会公平和规则公平。

党的十八大报告提出，公平正义是中国特色社会主义的内在要求，"加紧建设对保障社会公平正义具有重大作用的制度，逐步建立以权利公平、机会公平、规则公平为主要内容的社会公平保障体系，努力营造公平的社会环境，保证人民平等参与、平等发展权利。"

教育公平是社会公平的基石，而高考公平则是社会公平的具体体现。因为高考公平的主要内容就包括了权利公平、机会公平和规则公平。

所谓"权利公平"与"机会公平"，就是人人有权参加考试。我们的考生中，既有高中刚毕业的弱冠少年，也有七十来岁的古稀老人。既有来自山区的淳朴学子，也有来自城市的时髦少年。只要你符合高考报名的条件，无论你的出身是什么，无论你的年龄是什么，无论你的性别是什么，无论你来自城市或是农村，高考都给你一个公平的起点，也给你一个让梦想照亮现实的机会，给你既能追求粮食和蔬菜、又能追求诗和远方的机会。

"规则公平"是指高考逐步确立的"分数面前人人平等"的原则，能否上大学，上什么样的大学，都是由你的志愿、你的分数说了算。而分数就是对于你努力程度的肯定，十年寒窗，只要付出努力，考出理想的成绩，就能让你通过公平的制度进入理想的学校，靠的就是规则公平。

所以，权利公平、机会公平、规则公平是实现高考公平的根本，也是高考公平美之所在。这是我讲的第一个方面，高考之美美在哪里。

第二个方面：我们如何维护高考公平之美？

"大道之行也，天下为公，选贤与能，讲信修睦。"公平正义，历来是人类共同的美好追求。全国统一高考被赞誉为社会公平的模范制度，是因为"分数面前人人平等"，这是最让老百姓放心、最让老百姓服气的制度，是精神文明领域中一片珍贵的绿洲。

为了维护高考公平之美，40多年来，招生考试战线的同志们对维护高考公平的步伐从未止歇。正是我们对高考公平的孜孜以求，才使得莘莘学子的高考追梦之路变得越来越平坦。

首先是起点公平——考试的权利人人平等。我们致力于让每个有意愿参加高考的、符合高考报名条件的考生获得参加考试的权利。

我们修订了《贵州省外来人员随迁子女报考普通高等学校规定》，让符合政策的外来人员随迁子女参加高考，你为贵州建设流了汗，我们就不能让你在孩子的高考上再流泪，只要你符合政策，就能让你的孩子正常参加高考。

我们的招生考试队伍分布在各市州、各县区、各中学报名点，只是为了能迅速地服务考生，让每一个考生都能方便地进行高考报名。

我们致力于推进高考报名信息化，就是为了减少考生报名的时间。我们为因疫情不能回黔考试的艺术考生组织了"送考上门"服务，让他们不因疫情而错过考试的机会。

我们对一切破坏公平公正的行为说"不"，对弄虚作假参加高考的，我们将严厉惩处，伴随着他一生的都将是不光彩的阴影。我们的一切努力，都为了践行社会主义核心价值观：自由、平等、公正、法治。

其次是过程公平——一把尺子量到底的考试。我们致力于让每一个

参加高考的考生都有一个平等竞争的机会。为了给考生一个公平的环境，高考前，各级教育、招生部门将会同公安、市场监管、工信等部门，开展专项打击销售作弊器材、净化涉考网络环境、净化考点周边环境、打击替考作弊等专项整治行动。为的就是还考生一片公平竞争的天空。为了让大家在同一个平台共同竞争，让每一个考场都同频共振，考试过程中，全省所有考点和考场统一指令、统一标准、统一要求、统一实施；为了不给作弊的考生有机可乘，我们推进国家教育考试标准化考点建设，对考试全过程进行网上视频监控，考场配备金属探测仪、手机信号屏蔽仪、二代身份证识别仪，严格身份核查和入场检查，严防替考和高科技舞弊。

为了维护考试公平公正，我们采用监考教师交叉轮换监考，现场监考和视频监考相结合。我们开展省市县三级巡考、督考，对高考实施流程进行全程监督。为了提高评卷效率，我们推动评卷信息化建设，让纸质试卷在评卷场"绝迹"，既提高了速度，又避免了评卷教师直接接触考生试卷，防止篡改答案。

为了减少评卷误差，提高评卷质量，我们对主观题采用"双评"，就是指两位评卷教师"背对背"评阅同一份试卷，如果超出了设定的误差值，服务器将会自动把这份试卷发给第三位教师进行评阅，最后取两位在设定的"误差值"范围之内的平均分；如果第三次评阅还是超出"误差值"，则交由学科组进行仲裁。

为了让每一个考生的成绩能够得到最真实的体现，对于已评阅的试卷，还要开展专项复查、学科组长和专题组长抽查、全面复查等三个层次的复查。为了让考生对评卷过程放心，每年我们还要举行评卷开放日活动，让考生、家长到评卷场实地查看阅卷过程。

去年 7 月 14 日，我们公开征集了十多位考生及家长到评卷场实地查看了评卷细则、评卷流程等相关评卷工作。经过实地考察后考生们纷纷表示，评卷工作很公正、很阳光，自己对评卷过程非常放心。

最后是结果公平——破除信息不对称。 我们一直致力于让每一个考生都有一个平等录取的机会。"届届新考生，年年新家长"。我们的工作每年面对的都是一批全新的家长，政策不了解、院校不了解、专业不了解、志愿不知道怎么填一直是每一届考生、家长的痛点。

为了实现"阳光高考"，帮助考生填报志愿，获得公平录取的机会，我们编印了《高考指南》，为考生提供当年的招生录取政策汇编；我们还汇总了近几年的高考录取数据，当好考生志愿填报的帮手；我们向全省考生、家长开展填报志愿讲座，详细地介绍招生录取政策、填报志愿策略、专业院校取舍、投档录取规则，让阳光高考深入人心。

我们每年举办招生宣传网博会，让考生与院校在网上"面对面"交流，为院校提供宣传，为考生提供服务。我们开展志愿填报巡回讲座，与考生进行面对面交流，帮助考生填报志愿，了解录取政策，能够选择到适合自己的学校。我们还向白衣执甲、逆行出征的白衣天使致敬，向他们提供"一对一"的志愿填报服务。

我们多渠道公开录取信息，短信、微信、网站多种方式让每个考生都能以最快的速度收到自己的录取信息。我们严格按照志愿与分数进行投档录取，分高的先投，分低的后投，一切以分数说话，避免一切人为的干扰，让公平之花在录取中绽放。

我们严格执行缺额补报程序，对未录满的学校，一律实行网上补报志愿，让未录取的考生再一次公平竞争，增加录取的机会。当然，人生不可能把任何事情都做到完美，也许你的志愿没有填好，没有进入最理想的学校，但是，多年后当你回过头来看这段经历的时候，就能发现另一种公平之美。

这是我讲的第二个方面，我们是如何维护高考公平之美的。

第三个方面：我们要推动更高层次的教育公平。

当然，世界上没有绝对的公平，任何一种公平都是相对的。维护高考公平的道路没有终点，但我们一直在为着这个目标努力。这些年，改革一直是我们考试招生工作的主旋律。我们下大力气推进一系列教育和考试改革。比如，英语听力实行一年两考；合并本科录取批次，三本合并入二本；高职分类考试招生改革；艺术类招生实行平行志愿改革；等等。

我们深知，改革难，教育改革更难，高考改革难上加难。但惟其艰难，才更需勇毅；惟其笃行，才弥足珍贵。

自 1977 年恢复高考起，高考就一直进行着改革，从科目设置、命题方式、教学内容、录取方式都在不断进行改革，目的就是为了促进公平。而 2014 年开始的这一轮高考综合改革，是高考史上最系统、最全面的一次。从上海、浙江 2014 年试点开始，已经持续推进了 7 年，今年全国新高考落地的省份将达到 14 个，此轮高考改革的价值取向是追求更高水平的公平。

无论是"3+3"模式，还是"3+1+2"模式，都是为了增加学生自主选择的机会，弱化文、理科的单纯区分，打破固化的考试科目组合，学生可以结合自身实际选择考试科目，从而获得更理想的分数。考试科目的转变，体现了基于个体价值的选择公平。

同时，高考填报志愿方式也发生重大转变，在现行高考中，以院校为导向的志愿填报方式，造成学生未必能够进入自己感兴趣的专业学习，新高考以专业为导向，更能体现考试对人才选拔的作用，是一种更高层次的公平。这是我讲的第三个方面，推动更高层次的教育公平。

高考公平是一把金钥匙，它帮孩子们打开梦想的大门；高考公平是一条起跑线，它为社会公平奠定最坚实的基石。高考公平让每个人都有机会人生出彩、梦想成真，每个人也都有机会与全体人民共享改革发展的成果。因此，高考公平更不容挑战。无论什么时候，无论你多么神通广大，都不能搞特殊化。一旦触碰高考公平底线，必须零容忍，让破坏高考公平的人付出应有的代价。当然，高考只是人生极短的一个片段。走向现代化的中国，每个人成长成才之路变宽、变多了，高考已不是唯一的路。

对于考生，每个人都应当重视高考、诚信高考，但也不要把高考当作人生的全部。条条大路通罗马，人生出彩路千条！

在节目的最后，我邀请参加高考的考生和家长们一起重温"之江新语"专栏的一段话："考上大学固然可喜，但没考上大学也不用悲观，更不能绝望。路就在脚下。一个人能否成才，关键不在于是否上大学，而在于他的实际本领。"追求公平、维护公平，办人民满意的考试招生事业是我们每一位教育人的初心和使命，我们将继续前行，在追求公平、公正、科学的高考改革之路上行稳而致远。

谢谢大家！

第七讲完整视频

职业教育之美

（2021 年 12 月 10 日）

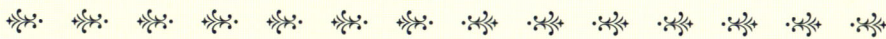

◆ 主讲人 ◆

张　静

贵州交通职业技术学院党委书记

徐国庆

华东师范大学职业教育与成人教育研究所所长

职业教育有前景之美、格局之美，它彰显了技能之美、融合之美、成人之美。

　　从时间维度看，职业教育有"前景之美"。从空间维度看，职业教育有"格局之美"。

面向未来，每所职业院校应立足实际，打造属于院校自身的个性之美。面向未来，每所职业院校应面向贵州"新四化"，打造属于贵州职教的服务之美。面向未来，每所职业院校应扎根贵州大地，打造属于贵州职教的多彩之美。

老师们、同学们、朋友们，大家好！我是贵州广播电视台的主持人赖卓，欢迎大家来到"贵州教育大讲堂"。

职业教育，是国民教育体系和人力资源开发的重要组成部分，是广大青年打开通往成功成才大门的重要途径。党的十八大以来，以习近平同志为核心的党中央站在党和国家发展全局的高度，把职业教育摆在了前所未有的突出位置。习近平总书记指出，"职业教育前途广阔，大有可为"，职业教育发展迎来了春天。

近年来，贵州职业教育改革发展走上了提质培优、增值赋能，建设特色职业教育强省的快车道。面对新的形势与任务，贵州职业教育如何围绕"四新"助力"四化"，如何展现职教独特之美呢？

接下来我们有请贵州交通职业技术学院党委书记张静教授，她将从前景之美、格局之美、公平之美、技能之美、融合之美、成人之美、个性之美、服务之美、多彩之美九个方面，为大家讲述职业教育之美。

职业教育是面向人人的终身教育，彰显了"公平之美"。职业教育是面向能力的实践教育，彰显了"技能之美"。职业教育是面向社会的跨界教育，彰显了"融合之美"。职业教育是面向市场的就业教育，彰显了"成人之美"。

——张　静

张静，贵州交通职业技术学院党委书记。从教 37 载，浓浓教育情怀，一生致力于帮助学生实现"人生出彩"的梦想。职业教育作为教育的一种类型，具有与普通教育同等重要的地位，也具有独特的类型之美。新时代职业教育为什么美？美在何处？让我们一起聆听她的精彩讲述。

主讲人 ◇◇◇◇◇◇◇◇◇◇◇◇◇◇◇◇◇◇◇◇◇◇◇◇◇◇◇◇◇◇◇

    同学们、老师们、朋友们，大家好！我是贵州交通职业技术学院的张静。很荣幸跟大家分享"技能贵州 服务四化"的职业教育之美。

    职业教育作为国家教育事业的重要组成，一直以来都肩负着为党和国家培养高素质技术技能人才、能工巧匠、大国工匠的重要使命和历史担当；是促进我国经济、社会发展和劳动就业的重要途径；与普通教育是两种不同的教育类型，具有同等重要地位。

    回望职业教育发展史，1867 年，左宗棠创办了中国的第一所职业院校 ——福州马尾船政学堂；1917 年，黄炎培先生创建了中华职业教育社；1918 年，中华职业学校诞生。由此，我国近代职业教育正式启航。

    改革开放以来，我国职业教育栉风沐雨、破浪前行，历经了 10 年的需求探索、10 年的发展适应、20 余年的深化改革后，规模从小到大、层次从低到高、参与从少到多、能力由弱变强、贡献由微到著。截止到 2020 年底，全国职业院校已

贵州交通职业技术学院

经超过了 1 万 1000 所，开设了 1200 多个专业，在校学生超过 2800 万人，年均向社会输送近 1000 万的毕业生。在现代制造业、战略性新兴产业和现代服务业等领域，一线新增的从业人员中，超过 70% 都来自职业院校。我国已经建成了世界上规模最大的职业教育体系。

在今年的全国职业教育大会上，习近平总书记作出重要指示："在全面建设社会主义现代化国家新征程中，职业教育前途广阔、大有可为。"习近平总书记的重要指示，高屋建瓴、意义深远，为新时代职业教育改革发展指明了方向，提供了遵循，鼓舞人心又催人奋进，职业教育迎来了美丽的春天。

"美的教育，才是人民满意的教育"，新时代大有可为的职业教育，有哪些独特之美呢？结合工作中的体会和感悟，我想跟大家谈谈自己对职业教育美的三点认识。

贵州交通职业技术学院专注实训的学生

首先，从时间和空间两个维度，共享职业教育的生态之美。

从时间维度看，职业教育有"前景之美"。 新时代的职业教育要为全面建设社会主义现代化国家、实现中华民族伟大复兴的中国梦提供有力的人才和技能支撑。自十八大以来，党和国家对职业教育的支持力度空前。国务院《国家职业教育改革实施方案》的出台，教育部中国特色高水平高职学校的建设计划、部省共建职业教育创新发展高地的试点启动等一系列重大举措，相继推动职业教育迈上了新的台阶。今年3月，时隔25年，国家对职业教育法进行了首次大修，职业教育的地位从国家的立法层面得到了强调；5月，财政部、教育部新增教育经费向职业教育倾斜，下拨了近300亿元来提升职业教育的质量。同时，在2021版《职业教育专业目录》中，职业教育止步于专科层次的"天花板"已经被打破。前景之美，是有希望的美。

从空间维度看，职业教育有"格局之美"。有句古话说："所当乘者势也，不可失者时也。"在党和国家奋力推进各项事业大踏步前进的浪潮中，贵州从2011年以来，抢抓机遇，苦干实干，创造了赶超进位的"黄金十年"。在这"黄金十年"中，贵州职业教育强化顶层设计，按照贵州产业结构的特点，初步构建起了以黔中经济区的清镇职教城为核心发展体，黔北经济协作区和毕水兴能源富集区职教园为两翼，三州文化旅游区和部分县级职教中心为节点的"一体两翼多节点"的职教空间布局。精简学校数量，做大办学规模，整合教育资源，提高办学效益。

今年春节前夕，习近平总书记亲临贵州视察并发表重要讲话，以高质量发展为统领，赋予贵州闯新路、开新局、抢新机、出新绩的重大使命。

高质量发展需要高素质人才，当前贵州对人才的渴求比以往任何时候都迫切。去年9月，省人民政府印发了《贵州省支持职业教育发展若干措施》的通知，围绕着建设贵州特色职业教育强省，描绘了路线图、确立了时间表。目前，正是贵州职业教育驶入"快车道"，大有作为的历史新机，职业教育将在贵州花开遍地。格局之美，是有担当的美。

其次，从职业教育的四个"面向"，共赏职业教育的类型之美。
职业教育是面向人人的终身教育，彰显了"公平之美"。2018年第五届上海音乐学院国际爵士音乐节上，有一支特殊的爵士乐队，赢得了现场观众的热烈掌声。说特殊，是因为他们是国内第一支盲人爵士乐队，视力正常的人只需要 10 分钟就知道萨克斯是什么样的乐器，他们可能需要 10 个小时，甚至更长的时间。这个乐队的所有成员，都来自咱们贵州盛华职业学院。我专门在网上找了他们演奏的视频来看，如果只是闭上眼睛欣赏的话，很难联想到这么美妙的音符是出自盲人学子之手。如果说，世界给了他们黑暗，是先天不公平的话，那么盛华职业学院给予他们的光明，就是后天的公平。这就是人人皆可成才、人人尽展其才的职业教育散发出来的公平之美。

在教育部《职业教育提质培优行动计划（2020—2023 年)》的文件中，第一段就提到要"办好公平有质量的职业教育"。习近平总书记指出，人民对美好生活的向往，就是我们的奋斗目标。落实到教育上，就要始终把教育摆在优先发展的战略位置，努力让每个孩子都享有受教育的机会，努力让 14 亿人民都享有更好更公平的教育。

2019 年全国高职院校共扩招 116 万余人，2020 年的政府工作报告中再次提出要在两年内实现高职院校扩招 200 万人。从"十三五"期间的数据来看，我国中职院校招生 600 万人，占高中阶段教育的 41.7%；高职院校招生 483 万人，占普通本专科的 52.9%，实实在在地给予了我们的孩子更多受教育的机会。公平之美，是有温度的美。

职业教育是面向能力的实践教育，彰显了"技能之美"。这种美不仅体现在学生身上，同样体现在因技能而改变人生的所有人身上。2016 年，我和学院的几位驻村帮扶的老师，一大早从贵阳出发，颠簸了 8 个多小时，第一次去到学院对口帮扶的从江县加勉乡污规村。当天下着毛毛细雨，坐落在月亮山腹地的这个苗寨，在烟雨迷蒙中显得既安静又神秘。一眼望去，这里除了梯田就是山，没有一条可以通汽车的路。记得当时我们下车后，是坐着老乡的摩托车、踩着泥泞山路进村的。

月亮山的风景很美，是我对那里的第一印象。但是有一件事沉甸甸地压在我心里：那里很穷很落后。特别是越深入月亮山腹地，我就越深刻体会到党和国家对消除贫困的决心；在村里停留的时间越长，我就越明白，为什么要举国扶贫。因为每个人都有梦想和远方，月亮山下的乡亲也不例外。

为了帮扶乡亲们脱贫，与全国全省同步实现全面小康，除了支援当地的交通建设外，我们还开展了"送技能下乡"服务。在美丽的污规村，开展了刺绣培训班和民族刺绣坊，建立了"学院＋企业＋合作社＋农户"的生产模式，真正让乡亲们通过技能脱贫。今年年初，她们接到了江苏航运职业技术学院一批价值 10 万元的订单。

一技在手，脱贫不愁，小小的绣花针慢慢地绣出了致富路，变成了脱贫攻坚的顶梁柱。一张绣片，托起了美丽苗乡的希望；一项技能，承载着月亮山下的梦想。同期，我们还在村里建了"多彩书屋"。每天下午放学后，娃娃们就会相约来到书屋，在这里看书、下棋、画画。"我喜欢看童话，特别喜欢白雪公主和七个小矮人的故事。""我喜欢画画，喜欢各种颜色的水彩笔。"孩子们你一言我一语，分享着童真和快乐。一幅绣坊和书屋在同一屋檐下的"妈妈美绣娘、娃娃读书郎"温馨画卷，让我真切感受到了职业教育的技能美。

2020 年 10 月，贵阳市退役军人事务局联合贵阳区域内 16 所高职院校，遴选了 42 个专业、60 余个技能人才实训基地、技能大师工作室

贵州轻工职业技术学院职业教育活动展示

等实习实训场所，打造贵阳市退役军人职业教育基地。广泛开展"定向式""定岗位""订单式"的培训，为退役军人搭建"求职—培训—上岗"的链条式服务平台，帮助退役军人就业。截至目前，贵阳市退役军人职业教育基地在读退役军人 5100 余名。技能之美，是有力度的美。

职业教育是面向社会的跨界教育，彰显了"融合之美"。为了更好地展现职业院校"产教融合、校企合作、工学结合、知行合一"的办学理念，国家和省出台了一系列鼓励政策，支持职业学校主动与具备条件的企业在人才培养培训、技术技能创新、就业创业、社会服务、文化传承等方面开展深度合作；支持国有企业和大型民营企业举办或参与举办职业教育；支持行业的领军企业主导建设职教集团；全面推行现代学徒制和企业新型学徒制，鼓励企业利用资本、技术、知识、设施、设备和管理等要素参与校企合作。

贵州通源汽车有限公司是专业的汽车经销商集团，也是西部最大的乘用车经销集团之一，贵州民企百强第一名。2019 年 7 月，贵州交通职业技术学院与通源集团签署了《"汽车喷涂"现代学徒制人才培养协议》，开办了汽车喷涂专业"现代学徒制"班。通源集团不仅积极响应这项工作，更是以"真金白银"的形式，按照生均 4000 元的标准投入经费 10 万余元，专门用于支持"现代学徒制"班在校内开展相关的技能训练，还提供国际一流的考核标准作为培养效果的独立考核评价，从而实现人才培养标准的"国际化"。

贵州职教"订单班"比比皆是，比如，贵州电子科技职院与贵州顺丰速运有限公司开办的"顺丰订单班"，贵州轻工职院与中国电信贵州公司开办的"精准扶贫订单班"，贵阳职院与贵阳轨道集团运营分公司开办的"脱贫振兴地铁班"，等等，将人才培养与储备工作前置到学校。订单班的学生经过在校 2 年的理论学习和 1 年的实际操作培训，便可以走向工作岗位，实现毕业即就业，有效提升了毕业生就业率和就业质量，保障了企业一线技术技能人才的稳定储备。

校企双主体、多元化模式正不断深入到职业院校办学的方方面面，不断丰富着办学内涵。跨界融合，是有宽度的美。

职业教育是面向市场的就业教育，彰显了"成人之美"。

据统计，近年来，全国高职院校毕业生就业率始终保持在 90% 以上，紧排在"双一流"院校的后面。为什么高职毕业生的就业情况相对较好呢？最主要的原因是职业教育基本实现了专业对接产业需求、课程对接职业标准，人才培养全过程都在不断地强化技术技能实训。"现代学徒制""订单班"等多种培养模式下的人才质量，满足适应了用人单位的需求，实现了从学生到员工的无缝对接。接受职业教育，不仅成全了许多家庭"给孩子找一份安身立命的工作"的目标，更成就了孩子"人生出彩"的梦想。

贵州交通职业技术学院汽车工程系的青年教师张国军，是来自贵州农村一个普通的少数民族家庭的孩子。2014 年从贵州交通技师学院中职毕业后，考进贵州交通职业技术学院汽车工程系。在校学习期间，他虚心好学、刻苦钻研、精益求精，两次入选世界技能大赛汽车喷漆项目"国家集训队"，取得了若干个技能大赛一等奖，被授予"全国青年岗位能手""全国交通技术能手"等荣誉称号。留校任教后，作为主要负责人还完成了省级在线精品课程《汽车涂装》的建设，省教育厅验收给予了"优秀"等次。今年，张国军成为本年度最年轻的"全国五一劳动奖章"获得者。职业教育成就了他的出彩人生。成人之美，是有深度的美。

最后，从"学校、产业、区域"三个层次，共创职业教育的各美其美。

在大讲堂第一期节目中，邹联克厅长带我们一起品味了教育的美。曾任中山大学校长，现任国家"双高计划"建设咨询委员会主任委员的黄达人教授曾经说过："高等职业教育，就像一座百花园。踏足其中，本不为赏景，却有着发现桃花源般的欣喜。"

所以，职业教育的美，绝不是全省 47 所高职院校、100 多所中职院校在一个点上的美，而是各美其美的百花园。

面向未来，每所职业院校应立足实际，打造属于院校自身的个性之

美。"一花独放不是春，百花齐放春满园"，让我们努力打造每所学校之美，愉悦地欣赏他校之美，建设成贵州职教的百花园。交通职院的桥，铜仁职院的农，轻工职院的酒，还有各市州的每所职业院校，都是贵州职教百花园不可缺少的美丽风景，都有着自己独特的优美身姿。

面向未来，每所职业院校应面向贵州"新四化"，打造属于贵州职教的服务之美。省委十二届八次全会提出，贵州要大力推动新型工业化、新型城镇化、农业现代化和旅游产业化，以马力更足的"四轮驱动"，致力于贵州高质量发展的列车跑出加速度；提出了要高质量建设国家大数据综合试验区、国家生态文明试验区、国家内陆开放型经济试验区。服务贵州的"新四化"和"三大试验区"的建设，各兄弟院校应立足自身定位，以"人人职教、个个就业、家家致富"为追求，对接行业产业，优化专业结构，加强内涵建设，立足技术技能人才培养定位，提升培养质量，体现"技能贵州 服务四化"的贵州职教的时代担当。相信每个产业都能看到职业教育服务区域经济发展的优美身影。

面向未来，每所职业院校应扎根贵州大地，打造属于贵州职教的多彩之美。在伟大的中国共产党百岁生日之时，在伟大的祖国"两个一百年"奋斗目标的交汇之际，贵州职业教育被赋予了新的历史使命。我们坚信：在中华民族伟大复兴的新征程中，在贵州奔向"百姓富 生态美"的多彩贵州新未来的道路上，每一所职业院校，职业院校的每一位师生，都会在人生路上实现我们的出彩之美。

同学们、老师们、朋友们，"美的教育，才是人民满意的教育"，职业教育真的美！必须美！只要我们接续奋斗，贵州职业教育一定会更美！

谢谢大家！

主 持 人 ▷

听了张静书记讲述的职业教育之美，那么当前职业教育的核心课题是什么？如何办美的职业教育呢？

接下来我们有请华东师范大学职业教育与成人教育研究所所长，中国职业技术教育学会学术委员会委员、副秘书长，中国职业技术教育学会课程理论与开发委员会副主任徐国庆教授开讲。

科学家是人才，工程师是人才，技术技能人才也是人才，所以发展职业教育首先要确立一个正确的人才观。

——徐国庆

徐国庆，华东师范大学职业教育与成人教育研究所所长、博士生导师，他主持教育部哲学社会科学重大课题攻关项目等多项国家级和省部级科研项目，曾获国家级教学成果一等奖、全国教育科学研究优秀成果一等奖等重要教学科研奖励。出版学术专著10部，在《教育研究》等权威期刊发表学术论文100余篇。今天，他要讲述的是当前职业教育的核心课题。让我们一起聆听他的精彩发声。

各位同学、各位老师，大家好！今天我要给大家讲的主题是当前职业教育的核心课题。发展职业教育是我们国家的战略任务，职业教育目前的发展遇到了什么问题、我们该如何来发展、我们朝哪里发展，关于这几个问题，现在已经形成了一个基本共识，就是要在 2035 年基本建成现代职业教育。这其中有很多课题值得我们去探讨。

第一点，我们要回答这样两个问题：为什么要发展职业教育？如何来重视职业教育？

职业教育的发展在我们国家尽管已经经历了这么多年，尤其是改革开放以来，国家对职业教育的发展非常重视，但是，目前职业教育的发展还是有很多困难，大家对发展职业教育还是有不同的看法。那么，为什么要发展职业教育？大家可能会认为，发展职业教育无非就是为了让我们上不了普高的学生能够上职校，上不了大学的学生能够上高职。这个问题是不能这样看待的。发展职业教育的根本出发点是国家对多方面人才的需求，所以，人才结构的平衡是发展职业教育的一个根本的出发点。

到现在我们可能还是需要反思一个问题。我记得，在 1985 年的《中共中央关于教育体制改革的决定》这份文件里就提出，教育要服务社会主义经济建设。但是我们的教育在真正服务社会主义经济建设上，到底做得怎么样？现在看来，还是有很多问题值得我们思考。往深层次再去挖掘，我们要看到，科学家是人才，工程师是人才，技术技能人才也是人才，所以发展职业教育首先要确立一个正确的人才观。我们未来的产业发展，要在 2035 年基本实现现代化目标。它取决于什么呢？取决于关键技术领域的创新突破，但同时也与技术技能人才的培养密切相关。《中共中央、国务院关于进一步加强人才工作的决定》是 2003 年的一份重要文件，在这份文件里提出了要树立科学的人才观。文件中有这样一句表述："只要具有一定的知识或技能，能够进行创造性劳动……建设中国特色社会主义伟大事业中作出积极贡献，都是党和国家需要的人才。……不唯学历、不唯职称、不唯资历、不唯身份，不拘一格选人才。"

第二点，我们要回答这个问题：我们究竟该如何建设现代职业教育？

首先要完善现代职业教育体系。现代职业教育体系是现代职业教育的物质基础，这其中包括三个层次。现在我们国家已经基本建成了职业教育体系，就是由中等职业教育、职业专科教育和职业本科教育这三个学制层次的职业教育构成的一个体系。但是现在这三个层次之间是什么关系呢？我的理解是，技术技能人才培养的主阵地，应当是职业专科教育。

职业中等教育，在目前的发展中，实际上遇到了不少的问题。那么，职业中等教育到底应该怎么来发展？现在的基本思路是：要朝职业基础教育转向。这是一个很大的课题。因为过去我们对职业中等教育的培养目

标的定位是就业导向，但是在今天，我们的职业中等教育是现代职业教育体系中的三个层次之一，所以它的发展面临着重新定位的问题。关于它的定位，我认为要从就业功能更多地转向人才培养功能、教育功能，这是职业中等教育的发展。

那么职业专科教育呢？应当说在这三个学制层次职业教育中，现在职业专科教育发展的思路是最清晰的、最明确的。对于职业专科教育的发展，我们现在主要的思路就是实施"双高计划"，国家已经推出了职业专科教育的双高建设计划。同时，很多省市也在推出省市层面的"双高计划"，以它为抓手，重点提升职业专科教育的办学质量。

习近平总书记作出了要稳步发展职业本科教育的指示，这是现在非常值得庆贺的一点。职业教育现在上升到了本科教育层面，但是如何高质量、高水平、高起点地发展职业本科教育，也给我们带来一个很大的课题。建设现代职业教育，首先要进一步夯实物质基础。所谓物质基础，就是我们要有一个完善的职业教育的学校体系。如果没有学校体系的建设，现在的职业教育就会是空谈。我们依靠什么来实现现代职业教育的发展，这是我们探讨的第二点。

第三点，现在职业教育的发展在思路上需要有一个更大的转变。

刚才我谈到，建设现代职业教育需要加强院校建设，建设完善的职业院校体系。但是从现在来看，我们的学校体系是基本成型的。我们国家的职业院校，无论是职业中等院校还是职业专科院校，把这些学校拿到国际上去比较，水平都是非常高的。那么，我们国家的职业教育和发达国家相比，差距在什么地方？我觉得主要是在制度和标准建设上。所以，对于现代职业教育的建设，可能我们要把建设的重点转向国家制度以及国家层面的一些基本标准的构建。这其中的内容非常丰富，我来就几个重点分别向大家进行讲解。

第一，我们要从原点开始。这个原点是什么？就是要构建更加科学的职业分类和职业能力标准体系。职业教育是基于职业的教育，是培养职业能力的教育，我们的职业分类体系的科学化程度究竟怎么样？细分程度怎么样？这对于职业教育的人才培养整个过程展开会产生较大的影响。从职业能力标准体系来看，我们做了很多努力。但是，现在还是处于比较初级的水平。这是第一点，在制度和标准建设上面我们要加强。

第二，开展职业教育，我们必须根据产业的人才需求来进行整个人才培养过程的展开。我们怎么去掌握产业的人才需求？这些年来我们低估了这项工作的难度，实际上我们把这个任务交给学校，由学校自己去完成。但是现在看下来，这样不行，必须要有专业的平台、专业的人才来完成，要把它上升到更重要的位置。所以，我提出的第二个问题是，要建设专业化的产业人才需求的研究与发布平台，需要开发系统，准确地反映产业人才需求的权威数据库，科学地引导技能的学习，促进技能培养与产业人才需求更为精准地对接，逐步形成技能需求的精准反馈机制。

第三，开展产教融合、校企合作。这是职业教育办学和人才培养的一个基本规律，但也是让大家非常头疼的一件事情。因为我们国家的经济和社会环境比较特殊，大家总是感觉到：产教融合、校企合作，学校热，企业不热。这个问题应该怎么解决？所以我在此提出，我们非常重要的一个课题就是要构建促进产教融合的社会机制。关于此事，我想提两个问题供大家思考。一个就是产教融合的深度推进应当包括两个方面：其一是要加强社会机制的构建。加强社会机制，不能仅仅依靠基本的立法，基本的立法可以解决一些问题，但也有很多问题它没办法解决，所以还是需要努力构建社会机制。其二是要把产教融合的效果落实到人才培养层面。我记得 2018 年教育部出台了一个文件：《职业学校校企合作促进办法》。这个文件明确地提出，校企合作的根本目的是人才培养。所以，我们现在的校企合作，怎样把它真正落实到人才培养上去，也是一个很大的课题。我们经常提倡校企合作、产教融合要学习德国的双元制。但是，德国双元制的实施有它特殊的经济和社会环境，它的经济环境我们没办法去复制。我们的经济环境和德国有所不同，我们是一个比较强调市场起决定作用的经济环境。那么，在市场起决定作用的环境里，校企合作的模式和机制是什么？我认为市场环境下的问题就要用市场的手段去解决，而不是一味地模仿其他国家。这是第三点。这个问题要想真的解决好，一定要从我们自身的特点出发。

第四点，我们进一步把职业教育的问题拓展到专业教学、人才培养层面。

在专业教学和人才培养这个层面，我们现在最缺的是什么？这么多年来，尤其是进入 21 世纪以来，我们在职业教育的专业人才培养方面投入了大量的精力，比如现代学徒制项目的推进，教学资源库的建设，等等。但这其中，从基本的制度和标准建设这个角度来说，我们最需要抓的事情应当是两个方面。

第一个方面就是要进一步制定更加科学、更加合理的专业目录。专业目录是人才培养的根本制度，职业院校的人才培养是根据专业来展开的。我们的专业目录现在存在哪些问题呢？我认为最重要的一个问题是，如何实现职业中等教育、职业专科教育和职业本科教育专业的一体化设计。职业教育是社会教育的一种类型，具有与普通教育同等重要的地位，但是职业教育要真正成为社会教育的一种类型，首先它的专业必须要能够连贯起来，进行一体化的规划。2020年，教育部进行了专业目录的修（制）订工作，把职业中等教育、职业专科教育和职业本科教育的一体化的专业目录规划作为这项工作的核心内容，我觉得这个工作做得非常好。但是，现在框架理顺了，其中的专业内涵如何进一步理顺，可能是我们下一步要继续努力的问题。

第二个方面就是要制定国家专业教学标准。国家专业教学标准的开发这项工作实际上已经开展了很多年。但是下一步，我们还是需要进一步完善、进一步探索。其中包括进一步明确专业教学标准的功能定位，因为功能定位决定了专业教学标准的内涵。专业教学标准的呈现形式是什么？它的内涵是什么？它的计数方法是什么？这些问题我们还需要进一步突破。虽然教育部一直在对这些问题进行深度探讨，但是有些工作需要一步一步来，因为受到了很多现实条件的制约。什么是专业教学标准呢？我打个比方，专业教学标准就相当于一座城市的水塔，而职业院校就是使用自来水的千家万户。这个水塔有什么功能呢？就是为大家供水。因此，专业教学标准更应当体现它的服务功能，而不仅仅是它的规范功能。甚至在这两个功能里，服务功能更加重要。我认为这个问题我们还没有到达终点，甚至可以说我们还处于起步阶段，这是第四点。

第五点，要建立职教高考制度。

当前职业教育发展最重要的问题在于两个方面：一是如何发展职业本科教育，如何稳步发展职业本科教育；二是如何建立职教高考制度。有了职教高考制度，才能够把不同学制层次的职业教育联系成一个完整的体系。没有职教高考制度，即使我们有了学校，它也不是一体化的，就没有办法形成内部联系的机制。所以我们的一个基本观点是：要建成与普通高考平行的职教高考制度，再通过它来构建多样化成长路径。很多时候大家会说，我们已经有职教高考制度了。为什么呢？因为我们已经做了很多年的高职高考、对口招生。但是我想和大家分享我的理解，这不是职教高考。因为以往的这些考试仅仅是为了解决一部分中职学生的升学问题，而没有真正地建成高等学校公开公平进行人才选拔的制度。所以，它对学校没有吸引力，对学生也没有吸引力。我们实施这些考试这么多年，有多少学生愿意选择职业教育呢？目前通过这条途径升学的学生还是很少，说明这种考试形式对他们的吸引力不够。所以说，事实上我们需要重新设计职教高考制度，从职业教育的类型、地位和现代职业教育体系的构建这个角度，重新设计一种制度，其目标就是要通过扩充中职生升入本科的机会以及他们选择的自由度，来增强职教高考对学生的吸引力，同时也吸引更多高校把它作为自己的人才选拔制度。

第六点，关于职业教育的教师培养的问题。

职业教育的教师培养，大家都非常重视，最近这个话题又进一步受到大家关注。因为办好教育的根本确实在于教师，在于教师的素质。为了提高教师的素质，我们这些年做了大量的工作，包括教育部推出的教师素质提高培养计划。但我们要思考，职业教育的教师培养，它的关键问题在于什么？我提出两个问题供大家思考。

第一，职业教育教师培养的主阵地应该在职前还是在职后？过去，我们的教师培养的主阵地在职前，所以我们办了许多师范大学、师范院校。但是，现在学校招聘教师是开放性招聘，而且我们也在鼓励学校进行开放性招聘。尤其是职业教育的教师，它的来源非常开放。所以我们应该把主阵地放到职后。

第二，职后的职业教育教师培养，究竟只是一个短期的培训，还是要设计成系统的教育？这是我们真正面临的问题。我把这个问题归纳成要建立职业教育教师能力体系化发展的制度。它的内涵就是，要通过对职后教师培养来进行体系化建设。例如，我们的新教师招聘进来以后，经过连续两年、三年甚至是四年的培养，对他们的培养过程进行长周期的规划，同时采取课程化的培养形式。短期的培训、一个讲座解决不了教师专业化发展的能力需求问题，要采取课程化的培养形式，并且最终要把学习成果和教师的聘任以及晋升挂钩。这其中涉及到很多制度的改革。

以上就是在国家制度和标准建设这个大课题中我提出的六点想法，供大家参考。今天给大家报告的内容就是这些，希望我们能够一起努力，把职业教育建设得越来越好。谢谢大家！

第八讲完整视频

探究学科之美

（2021 年 12 月 30 日）

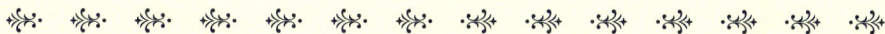

◆ 主讲人 ◆

邹联克
中共贵州省委教育工作委员会副书记
贵州省教育厅党组书记、厅长

陈章义
贵阳市第一中学校长

张 喆 | 郑 好 | 桑逢田 | 程煜民 | 杨婷芬
贵阳市第一中学师生

教育是美好的事业，它是一个过程有意思、结果有意义、回忆有韵味的事业。

　　美，它是客观存在的，但是美，需要去感悟，需要去体会，需要去发现，还需要去创造。

　　学科之美，可以是一幅冬日美景，一句古诗，一首优美的英文歌，一条优雅的抛物线……记录你在课堂学习和探索世界的过程中的美好发现。

教育教学活动中教师是主导，教师美的存在形式不仅是仪表美、语言美、动作美，更是心灵美、精神美、人格美、内在美。

办"美的教育"需要理想。办"美的教育"需要安静。办"美的教育"需要留白。办"美的教育"需要守望。

追寻"美的教育"，需要有一种"热爱教育"的情怀，需要有一种"尊重教育"的智慧，需要有一种"从事教育"的能力。

美，是教育的追求。全省开启"美的教育才是人民满意的教育"以来，贵阳一中 2021 年 7 月启动实施为期三年的"事业之美，品牌一中"建设工程，全体教职工积极参与，不断思考、研讨和提炼各部门及个人的"事业之美"和"岗位品牌"。按照工程规划，贵阳一中组织全体教职工成功举办了多次"学科之美·品牌一中"建设展示活动，教职工充分展现了对各自学科之美的挖掘和思考，活动精彩纷呈。在展示活动中，教职工们畅所欲言，时时闪现思想的火花，充溢着育人情怀、远大抱负和事业激情。每一个教职工，在精彩的展示活动中，将自己这一支色彩独特的火把，汇聚成了熠熠星光，照亮了一中的天空。接下来，就让我们跟随贵阳一中的师生一道，开启一场学科寻美之旅。

"学科之美"不仅美在老师们对学科内涵的提炼、挖掘与分享，更美在真正实现教育的变革，以评价倒逼课程改革，助推教育减负、助力美好教育！

——陈章义

❖ ❖ ❖ ❖ ❖ ❖ ❖ ❖ ❖ ◆ ❖ ❖ ❖ ❖ ❖ ❖ ❖ ❖ ❖

❖ ❖ ❖ ❖ ❖ ❖ ❖ ❖ ❖ ◆ ❖ ❖ ❖ ❖ ❖ ❖ ❖ ❖ ❖

贵州省贵阳市第一中学党委书记、校长陈章义，同时也是贵阳市首批兼职教研员，贵阳市优秀教育工作者，贵阳市中青年科技骨干，贵阳市优秀共产党员。他在贵州省、贵阳市优质课比赛中获一等奖，多次进行省市示范课教学、讲座，多次担任省市命题工作，辅导的学生多人在全国化学奥林匹克竞赛中获二、三等奖。论文在省级论文评比中获一等奖，参与多个国家级、省市级课题研究。

老师们、同学们、朋友们，大家好！很高兴来到贵州教育大讲堂。我们都知道，教育是美好的事业，它是一个过程有意思、结果有意义、回忆有韵味的事业。我们对于事业的抱负和理想，是以"真"为开始、"善"为历程、"美"为终极目标的。贵阳一中坚持"美好教育"的信念，就是要回归教育本真，从探究学科之美开始，发现美、感受美，让美的气息在校园中弥漫。下面，我将围绕"办美好教育，从探究学科之美开始"这个主题，与大家做一个交流。

首先，聊一聊什么是"学科之美"。

学科是知识爆炸后必然出现的分类，它虽然精确、细致、完整，但总给同学们高高在上、难以接近、遥不可及的感觉。今天我们虽然一直告诉孩子们学习不要太功利化，不要只关注分数，要对知识本身感兴趣，感受探索未知的领域的乐趣，但遗憾的是，细分的学科还是吓退了不少孩子，让他们对学习敬而远之。在这样的背景下，我们理应重新探究"学科之美"，让美浸润孩子的心灵，让美重启充满乐趣的学习。"学科之美"

欣赏美术作品

就是让老师从美的角度，重新审视本学科的知识、方法、思维，从学科内部提升老师的教学艺术和学科美育能力，转变教学观念，培养学生从美的角度来看待学科的知识、能力、方法，提升学生对美的感知力、鉴赏力和创造力。

学科之美，可以是一幅冬日美景，一句古诗，一首优美的英文歌，一条优雅的抛物线……记录你在课堂学习和探索世界的过程中的美好发现。语文之美，是课本中隽永流传的篇章，也是谈笑风生间，言为心声的真实，寄情于物的畅达。数学之美，是坐标上简洁优雅的抛物线，也是隐藏在自然万物背后的神秘法则。英语之美，是琅琅书声中的韵律、节奏的交错，也是折射大千世界迷人风貌的万花筒。物理之美，是显微镜下雪花的结晶，也是人类探寻宇宙、构建未来的密匙。生物之美，是热带雨林中爬行动物的古老足迹，也是引领人类攻克疾病、通向无限的顶尖科技。化学之美，是化学实验室里的电光火石，也是蕴含美妙滋味的一蔬一饭、人间烟火。地理之美，是漫长海岸线边缄默千年的沉积岩，也是泱泱中华的大好河山。政治之美，是习题集上清晰缜密的辩证推导，也是国家、社会有序运转的基石。历史之美，是化作传奇的英雄儿女，也是赋予每个民族品格、秉性的文化认同。学科之美，美在生活，美在点滴，撑起了我们的理性、感性、悟性相融合的大美世界。但遗憾的是，当前教育的功利化让我们的眼里只看见了分数，教育的短视化让我们的心中只有中、高考，那些学科最美好、最动人的内容逐渐被抛弃。基于这样的背景，我们理应重新发现和探索学科之美，以学科之美孕育中华之君子和世界之公民。

其次，谈一谈如何探究"学科之美"。

谈美容易，践行却难。贵阳一中在推进"学科之美"的研讨和展示活动的时候，首先立足回顾百年历史，从先贤思想中寻找"美好教育"的沃土。贵阳一中创始人李端棻"回归自然、发展天性"的教育思想肇基一中的美好教育，我们力求继承李端棻先生的信念。贵阳一中的教育理念历经赵福菓校长的"人格教育"、周进校长的"适合教育"、李华荣校长的"本真教育"，以"美"统摄教育的各个环节，力求让师生成为精神明亮、心胸敞亮、内心丰盈、充满天性的一中人。

一路走来，一中始终倡导以"学生十大修养"浸润学生的成长。尊重、忠诚、勤俭、谦和、友爱、互助、快乐、强健、毅勇、整洁，成为一中人的原生基因，培育了一中人固有的修养。"十大修养"，就是培养学生美好的品行，也是践行"美好教育"的重要内容。正是基于一中悠久丰厚的百年历史，我们提炼了"美好教育"的主张，希望通过"美好教育"推动学校育人方式的变革。秉承"美好教育"的理念，贵阳一中按照德、智、体、美、劳五个领域进行梳理和优化，形成养心育德、养智育能、养长育美的三类课程群。一是养心育德的课程群，它是实现立德树人根本任务的重要途径。通过实施德育特色课程、学科德育课程、生涯指导课程、劳动教育课程等，在潜移默化中影响学生，让学生在形成核心素养中强调个人修养、社会关爱、家国情怀和正确三观，塑造高尚人格。二是养智育能课程群，凸显学科的育人价值，在学生全面发展中处于基础地位。通过语言与文学、数学与思维、科学与技术、人文与社会等相关课程，发展学生的认知能力和创造能力，培养学生将知识转化为实践的能力，为学生终身学习、持续丰富智慧赋能。三是养长育美的课程群，满足学生多元化、个性化的发展需求，为健全学生人格、提高学生综合素质开辟了通道。通过艺术、体育与健康、综合实践等相关课程，拓宽学生知识视野，发展学生个性特长，增强学生身心健康，提升他们的审美素养，陶冶情操，温润心灵，激发同学们的想象力、创造力，丰富大家的精神。

基于三类课程群，贵阳一中提出"五美育全人"的主张，通过大美德育、睿美智育、健美体育、优美美育、勤美劳动教育满足不同潜质学生发展的需要，探索发现和创新培养我们的人才。理念的落实离不开队伍的打造和文化的渗透，贵阳一中着力从"建设美的教师队伍"和"构建美的

求知若渴

校园文化"两方面推进实施"美好教育",展示学科之美。一是建设美的教师队伍。教育教学活动中教师是主导,教师美的存在形式不仅是仪表美、语言美、动作美,更是心灵美、精神美、人格美、内在美。教师的内在美能够唤醒学生对真善美的追求,并督促学生加强自身学习、反思和修养,到达具备完美人格"君子"的境界。教师的立身之本是学科教学,从学科教学入手,无疑是发掘学科之美、建设美的队伍的有效措施。学科之美,无疑就是教师与学生在课堂上和谐融洽地学习,以追求美好事物为核心,培养健全人格或者是真善美灵魂的过程;学科之美,其实也是教师运用学科本质力量影响人、改变人,唤醒同学们学习的兴趣,温润同

搬至田间地头的生物课

学们的心灵。贵阳一中希望以"美"的方式实施"美"的课程，以"美"的课程打造"美"的队伍，以"美"的队伍实施"美"的变革，最终真正实现"美好教育"。二是构建美的校园文化。美的校园文化是对人的情感和心灵或者是精神状态的唤醒。这种境界是超越教育实践活动中的功利，是挣脱分数的束缚，使人具有深刻的情感体验。美的教育是运用人类社会实践的文化成果，通过教育过程实现理性和感性、真与善的和谐统一。美的学校文化是师与生通过最普遍的学科学习实现人与人之间情感的认同、归属和统一。本着这一学校发展的基本目标，我们的大美德育就进行的是：与美同行·讲好一中故事。睿美智育是通过学科之美，以学科带动对美的发现、探索与欣赏。通过书香浸润，开展好"好书推荐""读书分享"等活动，让校园书香四溢。通过在学校建设翠山八景，让学校成为有诗意、有念想、有未来的地方。贵阳一中文化建设致力于让校园成为师生共同成长的家园。学生在美好教育的指引下自然能够获得知识，习得能力，熏陶情感。

"学科之美"不仅美在老师们对学科内涵的提炼、挖掘与分享，更美在真正实现教育的变革，以评价倒逼课程改革，助推教育减负、助力美好教育！回首过往，贵阳一中有"美好教育"的宝贵传承；立足当下，贵阳一中有推进"美好教育"的广阔平台；展望未来，贵阳一中有办好"美好教育"的信心。我们希望把对"学科之美"的探究覆盖整个学校，融入教育教学活动中，彰显学校的精神文化。我们办好"美好教育"，让学生要懂得欣赏自己创造的美，还要包容欣赏别人创造的美，这样将各自之美与别人之美拼合在一起，就会实现教育中的大同美。学校还需要进一步追求育人之美、成长之美、事业之美，延展深挖"美好教育"的内涵。让我们一起向往美、追求美，为特色教育强省贡献我们的光和力。谢谢大家！

　　学科之美，可以落脚到太多地方。或许你从日常学习的单调和表面的相似中挖掘出了新味和知识间千丝万缕的联系；或许你从琐碎的知识中抓住了一线灵光，渐渐摸清了一个知识的脉络，反而更加着迷于它延展出去的枝叶；又或许你只是单纯沉浸于它背后浩瀚无垠的文化之源，沉迷于对优美文字和发音的原始模仿，和用心写出来的一笔一画；或许你从个体体验和投入的心血出发，它却因你的爱而美。下面，我们跟随贵阳一中的部分师生，一起来品味"语文的诗意美、数学的逻辑美、物理的和谐美、地理的对称美和政治的广博美"。

张 喆

贵阳市第一中学语文教师

　　同学们好，下面我将带领大家一起来感受语文之美。清代文学家张潮曾用八种声音来描述其向往的生活，我们一起来听听他是怎样描述这些声音的：春听鸟声，夏听蝉声，秋听虫声，冬听雪声；白昼听棋声，月下听箫声；山中听松声，水际听欸乃声，方不虚生此耳。这位清朝的诗人，用八种声音，勾勒出了美好生动的画面，不知大家听了以后，是不是感受到了声音的美呢？

　　穿越时空，来到当代。当代诗人顾城在《安慰》这首诗中描绘了这样的生活：青青的野葡萄，淡黄的小月亮，妈妈发愁了，怎么做果酱。我说：别加糖，在早晨的篱笆上，有一枚甜甜的，红太阳。

　　同学们，刚才我给大家朗读了两首小诗的片段，这两位诗人，用最简单的文字描绘了生活的情境，但是这些简单的文字却能让我们怦然心动，这样的文字有会心入情之感，这样的文字有摄人心魄的力量，这样的美，就来自语文之"美"。语文之美，在老师看来，首先是声韵、形式之美。大家小时候都

阅读之美

读过的《声律启蒙》就特别好听："云对雨，雪对风，晚照对晴空。来鸿对去燕，宿鸟对鸣虫。三尺剑，六钧弓，岭北对江东。"

《声律启蒙》这样的书是需要读出来的，你放开声音朗读，语文声韵的美感就会扑面而来，这种读起来就像唱歌一样的文字真是美极了！秦观有一首著名的《赏花诗》："赏花归去马如飞，去马如飞酒力微。酒力微醒时已暮，醒时已暮赏花归。"这十几字的重叠字句，可以排列成回环的圆形，正符合中国古代文化的圆满观念。这其中的美，需要大家用心读，用眼睛看才会感觉得到。

同学们，现在我们都喜欢用一些比较潮的词汇来沟通，比如说"有钱，任性""别睡了，起来嗨""我的内心几乎是崩溃的"，其实这些话语的意思，我们古人也有相似的表达，但是他们表达得更美。古人把"有钱，任性"叫作"家有千金，行止由心"，古人把"别睡了，起来嗨"叫作"昼短苦夜长，何不秉烛游"，古人要表达"我的内心几乎是崩溃的"的时候，他们用"方寸淆乱，灵台崩摧"来吐槽。

同学们，古人这样的表达，是不是让我们觉得更有美感、情韵，也更高级、更有意思呢？语文之美，在我看来还有情思、哲理之美。当代作家史铁生在他的作品《我与地坛》中写道："我常以为是丑女造就了美人。我常以为是愚氓举出了智者。我常以为是懦夫衬照了英雄。我常以为是众生度化了佛祖。"作家余华在他的小说《活着》中写道："人是为活着本身而活着，而不是为了活着之外的任何事物所活着。"这些哲思妙语让我们感受到，语文之美，还美在其提高修养，提升做人的境界。我们的思考变多了，内心会更温润，生活也会更美好。语文的美或许微妙，但一经体悟，就妙不可言。

"清风拂面，明月入怀，偃仰啸歌，指点江山"，这是老师所追求的语文教育境界，而这境界就是审美的至高境界。让我们沉浸于文字中共同去感悟华夏五千年的文明魅力，欣赏历代文人笔下的珠玉华章，感受炎黄儿女的雄心壮志，体会中华文化的博大精深。让我们共品语文美，同铸华夏情！

谢谢大家！

郑　好

贵阳市第一中学学生

主讲人 ◆◇◆◇◆◇◆◇◆◇◆◇◆◇◆◇◆◇◆◇◆◇◆◇◆◇◆◇◆◇◇◇◇◇

　　同学们，大家好！我觉得我是一个对数学有真爱的学生。在我的心目中，数学是美的。数学之美就在于符号、公式、几何图形，这些元素就是数学的语言，用这些语言你能组成一篇美妙的诗篇，你也可以用来描绘成一幅美丽的画卷。喜欢数学常常会带给我一种有趣的体验。

　　最近，我们在学习函数的零点问题。每一次，看着这些错综复杂的直线和曲线，以及这些线条的交点，我就会把这些函数题想象成一个宝盒，这个盒子层层叠叠，等待我一层一层地打开，寻找出宝盒里的珍宝。解开题就像最终能寻找到珍宝，我特别享受一次又一次的寻宝过程。我觉得数学还是一门有感染力的学科，也许一开始你会觉得它枯燥、复杂，简直是无趣，这是因为你只看到了数学的严谨性，你深入它，学习它，反复地琢磨它，有时候你会发现，数学其实有点像一门艺术，当你学得越久、越深，才能有机会体验数学之美。

　　数字的美，构图的美，逻辑的美，这样的美，点点滴滴地

课堂

渗透在代数公式、函数图像、几何情境里面。看一道题，看一幅图，看一个公式，你或许可以发现数学的外表有体系之美、概念之美、公式之美，只有你深刻地了解了它，才会被数学的内在美深深吸引。有人说，数学会让人的思维简洁、有效。我觉得数学里蕴藏着简约之美：有时一个简短的公式就可以表达人类苦苦追寻的真理，有时一个定理也可以让你感受到人类无穷无尽的思维和智慧。数学美得纯粹、美得对称、美得和谐。一个简洁的公式，一条黑色的线段，就能表达出这种纯粹的逻辑之美。数学的美让伟大的数学家们如痴如醉。古希腊的数学家普罗克洛斯是这样描述数学的：哪里有数学，哪里就有美。我喜欢学习数学，我也希望同学们能在学习的过程中，发现数学的美，享受数学的美，领略数学这个美丽的世界，感受这种可靠的简洁美、逻辑美。

谢谢大家！

桑逢田

贵阳市第一中学物理教师

　　同学们好！今天我和大家一起学习和探究物理之美。物理不仅仅有外显形式的美，更有内涵的、思想的美，是理性的美。物理学美在哪里呢？

　　首先物理学的结构就很美。一栋大楼修得好不好，首先要看它的主体结构是否结实。我们来看看物理学这座大厦的基本结构：经典力学、经典电磁学、经典热力学是它坚固的基石，相对论和量子力学是它强有力的支柱。而物理大厦绝不是一栋高冷的建筑，这座大厦里热闹非常。

　　科学家们在用各种方法研究这座大厦。科学家们研究天体、也研究地理，他们用宏观的方式看，也用微观的方法分析，科学家们对高速度着迷、也为低速的现象而激动，总之物理学既包罗万象，又对立统一。物理学的研究方法有很多，比如控制变量法、理想模型法、等效替代法、微元法、类比法、实验加逻辑推理法等。这些方法并不是空洞的、理论的，物理学广泛地运用在我们的生活中，比如曹冲称象这个故事就采用了物理学中的等效替代法来解决实际问题。用火箭运载航天器到月球也是物理学的实际运用。当我们用物理的方法来分析、解决问题的时候，我们会感觉到物理学不单调、不枯燥，它具有很强的科学性、严谨性的同时也很接地气，这就是物理的方法之美。

物理学中存在很多对称的形式。对称的形式给人们以一种平衡、稳定、圆满和规律的感觉，这就是对称美。物理学中的作用力与反作用力、电偶极子、正负电子、正负功等，这些都体现了对称美。物理规律的对称性还引领着科学家去寻找新的定律。例如在奥斯特发现了电流可以产生磁场后，法拉第根据对称的理念，认为磁场也能产生电流，经过十年的艰苦实验，他终于得出了利用磁场产生电流的条件，为发电机的发明奠定了理论基础。

物理学最终是为人类服务的，是人类认识自然、改造自然的工具。将看似复杂的现象用简洁的语言或公式表达出来，使人们对现象的探索可以被量化，这就是结果美。物理学这座大厦里有无数的先辈，正是他们对物理之美的追求，促进了物理学的不断进步。他们用毕生智慧为人类物理学树立了一座又一座丰碑，这些丰碑就像是科学道路上的指路牌。牛顿、爱因斯坦、麦克斯韦、玻尔、法拉第、杨振宁……他们引领着我们一代一代地探索着文明的终极奥义。

谢谢大家！

观察"深海雷霆"模型

学科奥秘之美

程煜民

贵阳市第一中学学生

主讲人　◇◇◇◇◇◇◇◇◇◇◇◇◇◇◇◇◇◇◇◇◇◇◇◇◇◇◇◇◇◇

　　同学们好，今天我想给大家说一说，我为什么喜欢地理课。学习地理，让我觉得我虽然生活在城市里，但是却能感受到江河山川的无限风光。学习地理，让我身在地球，却能让自己的心遨游在星辰宇宙之间。地理的美，恐怕三言两语难以道尽。

　　不论是高山峡谷的惊险之美还是南北两极的纯净之美，不论是四季更替的多样之美还是万物生长的绽放之美，每一种美都能吸引着我们去亲历、去探索。我觉得在地理这门学科里，最美的当属对称之美了。大家想想生机盎然的春天与落叶飘红的秋天，我们一起在清新舒爽的早晨上学，又在光影斑驳的黄昏中回家。一天中的十二个时辰，太阳从地平线上徐徐升起又缓缓落下，月缺与月圆，大陆与海洋，东方与西方，南来与北往，播种与收获，绿叶与落红，可以说地理是对称之美的最佳见证。

　　从现代科学来讲，地球绕着太阳的运动就是对称之美的一大体现。那是一条近似于正圆的椭圆轨道，而圆恐怕是世界

地理之美

上最完美最典型的对称图形了。从中国传统文化来讲，万事万物从不离阴阳。"孤阴不生，孤阳不长"，阴阳相合，万物乃生，不仅有地理对称之美，更有和合共生的相合之道。世间万物之所以能够在地球上生长发展，是因为地球正是个阴阳相合的地方，既不是片面的孤阴，也不是狭隘的孤阳。由此可见，地理是一门有温度、有情怀、有大美的学科。

同学们，热爱地理吧，让我们一起去发现地理学科的美，让这种美帮助我们发现美好的世界，让这种知识的美浸润着每一个人的心田。

谢谢大家！

杨婷芬

贵阳市第一中学政治教师

同学们，在你们眼里，思想政治课是一门怎样的学科呢？有些人给它打上了这样一些标签：枯燥、乏味、说教。这种错误的标签让初次接触到政治这门学科的你们望而却步，心生畏惧。

其实，只要你们愿意敞开心扉，走进政治学科的大门，你就会发现她独特而奇妙的美丽。我想要问在座的各位几个问题。同学们能不能回答一下，我们为什么要读书呢？你们能说出中国梦到底是一个什么样的梦吗？中华民族的伟大复兴与在座的各位息息相关吗？我们的世界会越来越美吗？你是否问过自己：我是谁，我从哪里来，我将要到哪里去呢？这些问题，你可能思考过，你也可能在聊天的过程当中不经意地追问过。

思考、追问，这是政治学科的理性之美，也是政治学科的逻辑之美。她的理性之美在于带领你在理性思考中顺着历史的轨迹，追着时代的脚步，寻找信仰之光。

如果你想知道中国梦的真正含义，你就会追溯中国共产党

贵州高校党建理论研究和实践创新基地

领导中国人民建设中国特色社会主义来时的路，你能看到中国人民从站起来、富起来到强起来的筚路蓝缕。如果你想知道中华民族为何可以实现伟大的复兴，那么你就会站在历史的宏观角度，一段一段地追寻带领着中华民族奋勇前进的开拓者、领导者们。

政治学科会让我们坚定人生的理想，把我们的爱国情、强国志、报国行融入实现中华民族伟大复兴的奋斗之中，让我们在"拔节孕穗"的关键时期扣好人生的第一粒扣子。政治学科还有一种美，我们把它称之为逻辑之美，政治学科的逻辑美，会让你在逻辑推理中揭开生活的面纱。了解经济生活中供求关系的本质；在政治生活中看见依法治国的必然。这种理性之美、逻辑之美，将经济、政治、文化、哲学、法律、国际关系等学科知识串联起来，这种理性之美、逻辑之美，让我们一起追求智慧，淬炼思想。

政治学科之美，在于它的广博之美，理性之美。政治虽然在文科行列，但是这门学科却是严谨的、理性的。不论你是文科还是理科，你都应该要学习政治、了解政治，因为政治能够帮助你更加独立地思考，更加理性地分析个人的得失、社会的进步、国家的发展。政治之美，还在于育人之美。在青少年成长的关键时期，政治课承担着关注青少年身心健康发展，引导青少年树立正确的世界观、人生观、价值观的重要任务。

同学们，国家的发展需要在座的各位青年健康、全面地成长，青年的成长离不开政治的保驾护航。学好政治，让正确的政治思想与你一路同行，它给予我们前进的动力，解决问题的方法，帮助我们成就更加多彩的人生。

谢谢大家！

　　每门学科背后都蕴藏着独特的美。通过贵阳一中师生的分享,我们明白了语文的诗意美、数学的逻辑美、物理的和谐美、地理的对称美和政治的广博美。接下来,让我们有请贵州省教育厅厅长邹联克为我们分享"追寻教育之美"。

教育之美，美在教师的专业成长，美在教师的教育情怀，美在教师的教育信仰；美在家长的自我觉醒，美在家长的每日精进，美在家长的归位真爱；美在孩子的天真无邪，美在孩子的茁壮成长，美在孩子的无限可能。

——邹联克

　　老师们、同学们、朋友们，大家好！很高兴和大家再次相聚在贵州教育大讲堂。今年 5 月份，在贵州教育大讲堂的第一讲，我以"美的教育，才是人民满意的教育"为题，和大家进行了沟通分享。美，应该是教育的追求。美的教育，应该就是人民满意的教育。美的教育，不仅仅是一种理念、观念，也不仅仅是一种教育的思想，它更是一种教育的实践，也应该成为我们教育人的追求。这些年来，我一直在思考一个问题：我们的教育应该走一条什么样的路？我也一直在关注一个现象：考考考，老师的法宝；分分分，学生的命根。我们用了大量的时间，做了大量的作业和试卷，堆砌起来的所谓的质量，到底有没有价值？我还一直在纠结一件事情：除了已经运用了几十年的"苦教苦学"之外，我们还有没有什么办法和本领找到减轻学生负担、提高教育质量的路径。因此，我们提出了追寻"美的教育"的理念。

　　关于教育之美，美在哪里？它美在教师的专业成长，美在教师的教育情怀，美在教师的教育信仰；美在家长的自我觉

贵阳一中校园一角

醒，美在家长的每日精进，美在家长的归位真爱；美在孩子的天真无邪，美在孩子的茁壮成长，美在孩子的无限可能。可以这样说，没有美的教育，就没有完整的教育，就不是人民满意的教育。我们也知道，美，它是客观存在的，但是美，需要去感悟，需要去体会，需要去发现，还需要去创造。这一期，是我和我的母校贵阳一中的老师和同学们共同录制的，我们探究的是"学科之美"，让大家知道每一门学科都有它独特的魅力。

这说明了只要我们用心去感悟，就能感受到每一门学科的乐趣，就会逐渐地爱上这门学科，然后不断地去探索、去发现、去拼搏，最终体会到学科知识带给我们的力量和美感。

说实话，从事教育工作这些年，特别是近几年，当我们面对许多家长欢天喜地地送子女上了大学，却又愁眉苦脸地接大学毕业等待就业的孩子回家的时候；当我们面对那些读了十几年、二十几年书的硕士、博士连基本生活生存的技能都不具备的时候；当我们面对一些年轻人全无同情心、包容心，全无敬畏心、孝敬心，全无家庭责任、社会责任感的时候，我不得不说，如果我们的教育培养出来的都是这样的孩子，那是教育的缺憾，也反映出教育工作不美。最近，网络上引起热搜的是关于"神童少年"魏永康的事情。魏永康在 2 岁的时候得到了"天才"的称号，4 岁他就学完了初中的课程，8 岁就跳级进入了当地的"重点中学"，被当地的媒体称为"湖南神童""天才少年"。他 13 岁考上了湘潭大学的物理系，17 岁考上了中国科学院高能物理所，但是，因为没有办法自理生活被退学了。究其根源，我们可以找到很多客观的原因，包括我们的升学机制的问题、就业机制的问题、评价机制的问题等。但是，作为一名教育工作者，我们首先应该自我反思，我们的观念、思路，我们的教育行为有没有问题。因此，今天我想以"追寻教育之美"为主题从三个方面与大家进行交流，这也是我对"美的教育"理念和实践的初浅思考。

第一个方面，办"美的教育"需要具备"四个条件"。

其一，办"美的教育"需要理想。今天我们的教育，就技术、教育方法和能力来看都差不到哪里，差得最多的实际上是教育理想。我们都知道，人一旦没有了理想，就会短视、就会焦躁、就会功利；人没有了理想，就会变得没有生机、没有力量，也就无所谓了。我们需要什么样的教育理想呢？从事教育一定要有某种理想、某种期盼，把这种理想和期盼有机地融入我们的工作中去，持之以恒、坚定不移地走下去，做更好的自己，做最好的自己。有了理想，我们就可以如同习近平总书记所讲的："山再高，往上攀，总能登顶；路再远，走下去，定能到达。"

其二，办"美的教育"需要安静。我曾经说过"美的教育内涵着宁静之美"。教育应该像养花一样，一边养着一边看着，还一边静待花开。从教育这个角度来看，人生应该是一项"慢"的艺术，我们面对不同的孩子，需要让教育安静一点，这应该成为一个共识。但是，要真正做到教育的安静还是不容易的，有很多原因：第一是我们的一些学校总是希望有些彩头让大家都知道；第二是我们教育行政部门的过度检查和考核，以及不当的干预；第三是媒体和社会参与过度。我们今天处在一个纷繁的社会中办教育，在这个时候，我们更需要办学者有定力、有能力、有智慧去应对。一定要坚持从政治上来看教育，从民生上来抓教育，从规律上来办教育。一定要坚守教育的底线，遵循教育的规律，知道把学校带向何方，把学校办成什么样子。教育的安静来自办学者正确的教育思想、不断地总结反思和对教育的忠贞不渝的热爱。

其三，办"美的教育"需要留白。《教书育人》的热点微评中提到，我们与其在成才焦虑下过度用劲，不如给孩子生活和学习适度留白。咿呀学语，我们就开始为孩子规划人生；刚进校园，我们就为孩子挑选了培训班……眼下这种现象并不少见。为人父母这种苦心可以理解，但是如果分寸掌握不好，孩子自主成长的空间就可能被压缩。孩子要更好地成长，离不开家长的适度放手：作为家长，在生活上给孩子留白，有助于培养自理能力；在学习上给孩子留白，有助于培养自主好学的习惯；在思维上给孩子留白，有助于培养天马行空的想象力；在选择上给孩子留白，有助于培养独立思考的能力……这些都是支撑孩子健康、快乐成长不可或缺的"营养素"。对学校来说，我们也需要给孩子留白，留白是学校可以探究的一种教育教学的方式。教师的教学，不妨适度地留白。摒弃"唯分数论"，善于去发现、去欣赏不同孩子的优点，鼓励孩子去捕捉思维碰撞的火花，体验收获知识的美妙。从管理的角度来看，学校的管理也不妨适度地留白。为教师减负，从非教学事务中解脱出来，让老师在宽松的氛围当中探索教学的多种可能。当然，我们也要清楚，留白不等于放任不管。留白是一种艺术，就教育而言，它更是一种教育的智慧。教师、家长都不是孩子的统治者、主宰者，而应该成为孩子的教育者、引导者、参与者和合作者。转变教育理念，让孩子有更宽松的成长空间，或许我们会收获另外一种意外的效果：无声胜有声。

其四，办"美的教育"需要守望。我曾经读过一本书叫《麦田里的守望者》，这本书的主人公是那个被大家公认的满嘴脏话的坏孩子霍尔顿。霍尔顿内心的渴望与梦想是那么简洁、那么纯洁，他只想做一个麦田里的守望者，去守护一群孩子。从事教育的人，我们又何尝不是孩子成长的守望者呢？叶圣陶先生曾经说过：教育像农业一样。农业就是辛勤耕作，播撒种子，细心呵护，该浇水时浇水，该施肥时施肥，然后就静静地守望，丰收自来。育人和种庄稼何其相似！我一直都在说，教育应该是农业，而不是工业。工业是一条生产线，生产出来的都是一个个的标准件，误差越小越好，产品越精准越好。而农业却不一样，种子不同，土壤、水分、阳光不一样，最后结出的果实肯定是不一样的。有人总喜欢用自己的孩子和别人的孩子比，你用玉米和土豆怎么比？只要我们辛勤地工作，细心地呵护，遵循教育的规律，剩下的对于我们而言就是等待和守望了。因为无论你着急也好，生气也罢，孩子总是以他自己的姿态缓慢而坚定地成长着，没有人可以阻挡。在第一讲，我谈到了从江的大歹小学，在大歹小学我们发现了教育的美，我们发现了孩子的未来可期。今天我们再来看大歹小学的孩子们，从当时的不愿上学到今天的热爱学习，从当时的胆怯木讷到今天的活泼自信，从当时的面无表情到今天的开怀大笑，从只会说少数民族的语言到学会了普通话，这些变化体现和展示了我们在大山最深处点燃知识火把，在信息闭塞中守护孩子梦想的一个探索和实践。从中我们相信，教育有了守望，教育的存在才更有意义，生活的价值才更加深切，心灵的诗和远方才会如约而至。这样的教育才会真正的美。

第二个方面，办"美的教育"需要重塑"四种观念"。

观念对于事业发展，特别是对教育事业发展意义重大。大家不要以为我们今天的教育观念、理念都很先进，从实践工作的角度来看，从今天贵州教育发展的现实来看，贵州教育今天最缺的还是观念、是理念。要办美的教育，必须重塑"四种观念"。

第一，办"美的教育"需要重塑朴素的"教育观"。什么是教育观？它是关于教育现象和问题的基本观念体系，教育观有历史性和时代性的特征。由于人们看教育的立场、角度、方法等存在差异，必然会出现各种各样的教育观，也会出现百家争鸣的状况。纵观历史，从我们对"教育"、对"素质教育"的解读，可以清醒地看到，教育本身就是一项朴素的工作。重塑朴素的教育观，需要我们守住朴素的教育心，要守住朴素的教育心，就要处理好整体和局部的关系、理想和现实的关系、长远和短期的关系，要除去自身的浮夸、浮华和浮躁，不急功近利，不贪图荣誉，特别是要耐得住寂寞，要静下心来，沉稳地做好我们的教育。

第二，办"美的教育"需要重塑理性的"教师观"。古有"天地君亲师"之美誉，今有民族的希望在教育，教育的希望在教师。教师在这个社会被冠以"人类灵魂工程师""太阳底下最美丽的职业"等惹人眼球的字眼。但是今天的教师，往往还存在这么几个误区：第一是盲目自信，第二是大包大揽，第三是自我满足。盲目自信源于我们不知道"学高为师，身正为范"的告诫，大包大揽源于我们不知道"后生可畏，教学相长"的道理，自满自足则源于我们不知道"学而不厌，诲人不倦"的教诲。我们的教师不是"完人"，也不是"全才"。教师既是"经师"，还是"业师"，更重要的是要成为"人师"。

第三，办"美的教育"需要重塑科学的"评价观"。教育评价事关教育发展的方向，决定了学校的办学和教育教学实践的导向，可以说是整个教育改革的"龙头"，也是整个教育发展的"指挥棒"。过去这些年，我们也进行了多次教育评价的改革，但还是遗留了许多顽瘴痼疾。如果我们用形象的隐喻来描绘的话，现在我们的评价要么是"硬邦邦"，缺魂；要么是"冷冰冰"，缺爱；要么是"空荡荡"，缺人。在评价的过程中，我们一定要突出评价中"人"的意义和价值，建立起有人、有魂、有爱、有道、有术的评价体系。在这五个方面"人"是主体，"魂"是方向和理想，"道"是目标和格局，"爱"是底色和基调，"术"是手段和方法。

第三个方面，办"美的教育"需要追求"四种境界"。

其一，办"美的教育"需要追求"立德树人"的境界。立德树人是教育的根本任务。按照习近平总书记的要求，我们要加强对学生的政治引领、思想引领、价值引领和品德引领，引导学生树立正确的世界观、人生观和价值观，引导学生明大德、守公德、严私德，要教育学生用"中国心"思考"中国事"做好"中国人"，成为有大爱、大德、大情怀的人。我们要把立德树人融入思想道德教育、文化知识教育、社会实践教育的各个环节，贯穿在基础教育、职业教育、高等教育的各领域，通过融入式、嵌入式、渗入式的教育，在孩子的心中播种浇花，做到春风化雨、润物无声。

其二，办"美的教育"需要追求"名师辈出"的境界。办好教育关键是要有教师，要有一批好老师、名教师。名师是坚守出来的，通过长年累月的坚守、历练、付出，才能成就今天的成功；名师是引领出来的，通过传帮带，带出一批有潜质的名师、骨干教学力量，从而整体地提高教学水平；名师是关爱出来的，要鼓励和支持优秀教师大胆地开展教学研究，对优秀教师要重奖、要重用，在全社会营造尊师重教的浓厚氛围。目前，全省有黔灵名师 150 人、省级名校长 600 人，我们要充分发挥黔灵名师和名校长的作用，让我们的老师在专家引领、自我反思和同伴互助的共同努力中，去成就一批又一批的好老师。

其三，办"美的教育"需要追求"活力迸发"的境界。教育的发展，没有活力是不可能发展好的。这种活力首先体现在深化教育教学改革，做好"放、管、服"这三篇文章。所谓的"放"就是该"放"的必须放，要放就放彻底，"管"就是该"管"的必须要管到位，"服"就是真心诚意地服务好。让我们"放、管、服"做到：放得下、接得住、管得准、服得好。深化教育改革，扩大教育开放，搭建创新平台，最后让我们的学生更加受益，能够上好学，能够健康地成长。让我们的老师工作更有动力、育好人，让学校在改革发展中得到更大的发展、办好学。

其四，办"美的教育"需要追求"风清气朗"的境界。 我们要大力整治教育领域的突出问题，推动教育领域政风行风的持续好转，真正做到行风正、校风正、师风正。我们要加强教师的师德师风建设，要引导广大教师为人师表、以身立教，不仅做书本知识的传授者，还要做塑造学生品格、品行、品位的"大先生"。"大先生"是习近平总书记对广大教育工作者提出的希望和要求。"大先生"就是学生为学、为事、为人的示范，是为了"促进学生成长为全面发展的人"。"为学、为事、为人的示范"是大先生的内涵特质和价值定位，描绘了大先生的样子；"促进学生成长为全面发展的人"是大先生的责任和使命，两者相辅相成。总的来说风清气朗就是要实现学生成才、教师成长、学校成功、事业发展。

老师们、同学们、朋友们，习近平总书记说："人民对美好生活的向往，就是我们的奋斗目标。"党的十八大以来，习近平总书记从社会主要矛盾变化出发，坚持以人民为中心，引领中国发展更加聚焦"美"，在广袤大地绘就美好生活、美丽中国、美美与共的高质量发展的画卷。"美的教育"应当成为美丽中国的重要组成部分，也应当成为美丽中国的亮点和特色。美好生活、美丽中国需要美的教育。"美的教育"不是追求简单而表象的外在美，而是追求本源、追求规律、追求自然、追求真实、追求品位的内在美。美，根源于情怀。追寻"美的教育"，需要有一种"热爱教育"的情怀，需要有一种"尊重教育"的智慧，需要有一种"从事教育"的能力。我们将一直坚持并秉承"美的教育"的理念，涵养人民情怀，解决好"为谁培养人"的问题；要涵养家国情怀，解决"培养什么人"的问题；还要涵养教育情怀，解决"怎么培养人"的问题。希望教育工作者、广大的学生、家长朋友们和社会各界把"美的教育"作为教育发展的理念，作为理解教育的态度，作为支持教育的习惯，作为引领教育的追求，渗透在学校教育、家庭教育和社会教育的实践之中。要通过"培育环境美，以美润心；培育认知美，以美启智；培育艺术美，以美育美；培育活动美，以美寓德；培育氛围美，以美化人"，让教育充满美、培育美、成就美、展现美，各美其美，美美与共。

老师们、同学们、朋友们，今年以来，"贵州教育大讲堂"坚持以"美的教育，才是人民满意的教育"为主题主线，讲了教书育人之美、青春担当之美、规划设计之美、投身强国之美、体教融合之美、教育公平之美、职业教育之美、探究学科之美，我们希望逐步构建一个完整的美的教育的体系，去创造我们教育的美好未来。有一位教育家曾经说过，教育是面向未来的事业，未来不是找出来的，而是走出来的。走就是实践，就是创造。教育事业的鲜花在前方，让我们大家携手前行在路上，共同努力去创造贵州教育的美好明天。

谢谢大家！

第九讲完整视频

视频索引

第一讲 美的教育，才是人民满意的教育　　025

第二讲 教书育人之美　　049

第三讲 青春担当之美　　075

第四讲 规划设计之美　　091

第五讲 投身强国之美　　143

第六讲 体教融合之美   161

第七讲 教育公平之美   179

第八讲 职业教育之美   207

第九讲 探究学科之美   251